세브란스 선교사 편람

Severance Missionaries

연세대학교 의과대학 의사학과

1996년 2월 설립된 국내 의과대학 유일의 의학사 전문 교육기관이다. 여인석 교수가 학과장을 담당하고 있다. 2008년 3월부터 대학원에 인문사회의학협동과정을 신설하여 의사학 및 의철학 전공과정을 운영하고 있고, 2018년 9월에는 새로 창설된 인문사회의학교실 산하로 편입되었다. 2008년 5월에는 국내 유일의 의학사 전문 연구기관인 의학사연구소를 설립하여 『한의학, 식민지를 앓다』를 시작으로 연세의학사총서를 발간하고 있다.

세브란스 선교사 편람

제1판 1쇄 발행일 2019년 11월 7일

엮은이 연세대학교 의과대학 의사학과
펴낸이 주혜숙

펴낸곳 역사공간 | 등록일 2003년 7월 22일 제6-510호
주소 03996 서울시 마포구 월드컵로 100 한산빌딩 4층
전화 02-725-8806 | 팩스 02-725-8801
전자우편 jhs8807@hanmail.net

ISBN 979-11-5707-203-3 03910

책값은 뒤표지에 있습니다. 잘못된 책은 바꾸어 드립니다.
이 도서의 국립중앙도서관 출판예정도서목록(CIP)은 서지정
보유통지원시스템 홈페이지(http://seoji.nl.go.kr)와 국가자료
종합목록 구축시스템(http://kolis-net.nl.go.kr)에서 이용하실
수 있습니다. (CIP제어번호 : 2019042897)

세브란스 선교사 편람
Severance Missionaries

연세대학교 의과대학 의사학과 엮음

역사
공간

책머리에

1885년 개원한 제중원은 한국 최초의 서양식 병원이다. 제중원의 정착과 운영에는 초대 원장인 알렌을 비롯하여 헤론, 에비슨 등 초기 의료선교사의 역할이 컸다. 특히 4대 원장 에비슨은 제중원·세브란스 역사에서 큰 업적을 남겼는데, 그것은 그가 1900년 뉴욕 카네기홀에서 개최된 세계선교대회에서 교파연합병원을 통해 한국의 의료선교에 힘을 쏟자고 연설했고, 이에 감명받은 세브란스 씨가 기부금을 쾌척하면서 건물과 시설 모두 근대 서양식 병원의 형태를 갖춘 세브란스병원이 세워졌다는 것이었다.

제중원을 이어받은 세브란스병원은 한국사회에서 선도적인 의료기관으로 자리 잡았다. 1912년부터 각 선교본부에서는 교파를 초월하여 세브란스에 의료선교사를 본격적으로 파송하였고 세브란스는 우수한 교수진들에 의해 최고의 의료를 실천하고 의학교육을 담당하는 중추적인 의료기관이 되었다.

이와 같이 세브란스의 역사에는 각 분야에서 묵묵히 헌

신했던 여러 선교사들의 땀과 정성이 고스란히 담겨 있다. 그러나 몇몇 대표적인 의료선교사에 대한 기록을 제외하고는 누가, 언제, 어떤 역할로 파송되었는지, 얼마나 오랫동안 세브란스에 몸담았는지에 대한 기록은 단편적으로 남아있거나 분산되어 정보를 찾는 데 어려움이 많았다. 1880년대부터 세브란스에서 봉직한 선교사는 각 학과 및 교실의 역사를 정리하면서 부분적으로 언급된 정도였다.

이에 의사학과는 제중원이 설립된 이후 제중원·세브란스에 재직한 선교사들의 이력을 파악하고 선교사들에 대한 기본적인 정보를 제공하기 위해 이번 작업에 착수했다. 우선 학교의 교사(校史)와 각 교실에서 발행한 교실사를 비롯하여 단행본, 연구논문 및 사료, 인터넷 자료 등을 수집하여 흩어져 있던 선교사의 기록을 모았다. 이를 토대로 기존 자료를 재검토하여 잘못 알려진 내용은 수정하고, 새롭게 발굴된 사료를 바탕으로 내용을 추가하여 『세브란스 선교사 편람』을 간행하게 되었다.

편람의 체계는 제중원·세브란스 재직년도를 기준으로 선교사들을 배치하여 시간 순으로 찾아볼 수 있도록 하였고, 크게는 개항기부터 일제강점기까지 그리고 해방 이후 시기로 나누었다. 약력에는 재직년, 소속, 생몰년, 한국이름이 기본적으로 포함되었다.

이번 편람은 세브란스에 파송된 선교사의 전체 규모를 파악하기 위한 첫걸음을 내딛은 것으로, 각 선교사에 대한 완전한 기록은 아니다. 이번 조사를 바탕으로 편람에 수록되지 않은 선교사가 있다면 그들의 정보를 발굴하고, 기존 정보 중에 부족한 부분이나 오류가 있다면 이에 대한 수정 및 보완 작업을 지속적으로 이어나갈 것이다. 세브란스의 역사에 관심을 갖고 있는 분들이 다양하게 활용해 주기를 기대한다.

2019년 11월
의사학과장 여인석

차례

5   책머리에

개항기~일제강점기 세브란스 선교사

20	호러스 알렌 Horace N. Allen	
23	윌리엄 스크랜턴 William Benton Scranton	
26	존 헤론 John. W. Heron	
29	호러스 언더우드 Horace G. Underwood	
31	애니 엘러스 Annie J. Ellers	
33	릴리어스 언더우드 Lillias S. Horton Underwood	
35	로버트 하디 Robert A. Hardie	
37	찰스 빈튼 Charles C. Vinton	
40	올리버 에비슨 Oliver R. Avison	
44	찰스 어빈 Charles H. Irvin	
46	애나 제이콥슨 Anna P. Jacobson	
	조지아나 화이팅 Georgiana E. Whiting	48
	하딩 D. W. Harding	50
	에바 필드 Eva H. Field Pieters	51
	에스더 쉴즈 Esther L. Shields	53
	메리 피시 Mary Alice Fish	55
	알프레드 샤록스 Alfred M. Sharrocks	57
	제시 허스트 Jesse Watson Hirst	59
	와이트먼 리드 Wightman T. Reid	61
	엘라 버피 Ella B. Burpee	62
	더글라스 폴웰 E. Douglas Follwell	63
	휴 와이어 Hugh H. Weir	65

66	앨빈 앤더슨 Albin Garfield Anderson	
68	알프레드 러들로 Alfred Irving Ludlow	
70	휴 커렐 Hugh Currell	
72	랄프 밀즈 Ralph G. Mills	
74	바우만 N. H. Bowman	
75	제임스 반버스커크 James Dale Van Buskirk	
77	아서 노튼 Arthur Holmes Norton	
79	찰스 맥라렌 Charles I. McLaren	
82	윌리엄 셰플리 William J. Scheifley	
84	케이틀린 에스텝 Kathlyn M. Esteb	
87	토마스 다니엘 Thomas Henry Daniel	
88	로이 리딩엄 Roy Samuel Leadingham	
89	쿡 E. D. Cook	
	프랭크 스타이츠 Frank M. Stites	90
	허버트 오웬스 Herbert T. Owens	91
	토마스 맨스필드 Thomas D. Mansfield	92
	아치볼트 플레처 Archibald Grey Fletcher	94
	에드나 로렌스 Edna M. Lawrence	96
	브러프 W. C. Bruff	98
	올리버 맬컴슨 Oliver K. Malcolmson	99
	윌리엄 케이트 William Robert Cate	100
	존 맥안리스 John Albert McAnlis	102
	존 부츠 John Leslie Boots	104
	플로렌스 맥안리스 Florence Guthrie McAnlis	106
	클라렌스 홉커크 Clarence C. Hopkirk	107
	마벨 영 Mabel B. Young	109
	테일러 J. E. Rex Taylor	110

111 더글러스 에비슨 Douglas Bray Avison
113 노먼 파운드 Norman Found
115 스탠리 마틴 Stanley H. Martin
118 에밀리 스탠든 Emily V. Standen
119 모드 넬슨 Maude I. Nelson
120 테레사 러들로 Theresa E. Lange Ludlow
121 넬리 홀드크로프트 Nellie Ciwan Holdcroft
122 얼 앤더슨 Earl Willis Anderson
123 알렉산더 피터스 Alexander Albert Pieters

해방 이후 세브란스 선교사

블라 번스 Beulah V. Bourns 132
플로렌스 머레이 Florence Jessie Murray 134
델마 모 Thelma Bridges Maw 137
프레드 만제 Fred Prosper Manget 139
에이다 샌들 Ada Sandell 141
페이스 휘태커 Faith Whitaker 142
이안 롭 Ian S. Robb 143
어니스트 스트러더스 Ernest. B. Struthers 145
어니스트 와이스 Ernest Walter Weiss 147
힐다 와이스 Hilda Seiter Weiss 149
존 버제스 John Burgess 151
로버트 릭스 Robert G. Riggs 152
로버타 라이스 Roberta G. Rice 154
매리안 킹슬리 Marian Ethel Kingsley 158

160	애나 스캇 Anna Bicksler Scott	
162	케네스 스캇 Kenneth Munro Scott	
165	리만 헤일 Lyman L. Hale Jr.	
167	엘리자베스 크라우스 Elizabeth Shipps Crouse	
169	엘리노어 피어슨 Eleanore J. Pierson	
170	매리언 커렌트 Marion E. Current	
172	커틀랜드 로빈슨 Courtland Robinson	
173	마크 리첼슨 Mark Richelsen	
174	찰스 크리스티안슨 Charles S. Christianson	
175	릴라 존스턴 Lela Mae Johnston	
	프란시스코 로크 Francisco T. Roque	176
	프레데릭 베일리스 Frederick M. Bayliss	177
	수잔 존슨 Susan Beth Johnson	178
	존 샌팅가 John T. Santinga	179
	루스 해리스 Ruth C. Harris	180
	리타 스티즈 Rita B. Steeds	181
	도로티어 사이치 Dorothea Sich	183
	루스 스튜어트 Ruth G. Stewart	184
	키트 존슨 Kit G. Johnson	186
	윌리엄 베이싱어 William A. Basinger	187
	클리프턴 한나 Clifton A. Hanna	188

세브란스 선교사 일람표	189
참고문헌	199
찾아보기	211

개항기~일제강점기
세브란스 선교사

개항기~일제강점기 선교사 연표

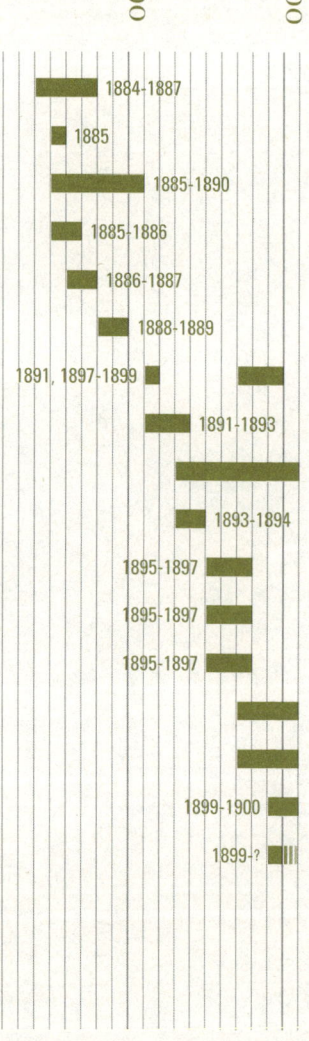

알렌 Horace N. Allen	1884-1887
스크랜턴 William Benton Scranton	1885
헤론 John. W. Heron	1885-1890
언더우드 Horace G. Underwood	1885-1886
엘러스 Annie J. Ellers	1886-1887
언더우드 Lillias S. Horton Underwood	1888-1889
하디 Robert A. Hardie	1891, 1897-1899
빈튼 Charles C. Vinton	1891-1893
에비슨 Oliver R. Avison	
어빈 Charles H. Irvin	1893-1894
제이콥슨 Anna P. Jacobso	1895-1897
화이팅 Georgiana E. Whiting	1895-1897
하딩 D. W. Harding	1895-1897
필드 Eva H. Field Pieters	
쉴즈 Esther L. Shields	
피시 Mary Alice Fish	1899-1900
샤록스 Alfred M. Sharrocks	1899-?
허스트 Jesse Watson Hirst	
리드 Wightman T. Reid	
버피 Ella B. Burpee	

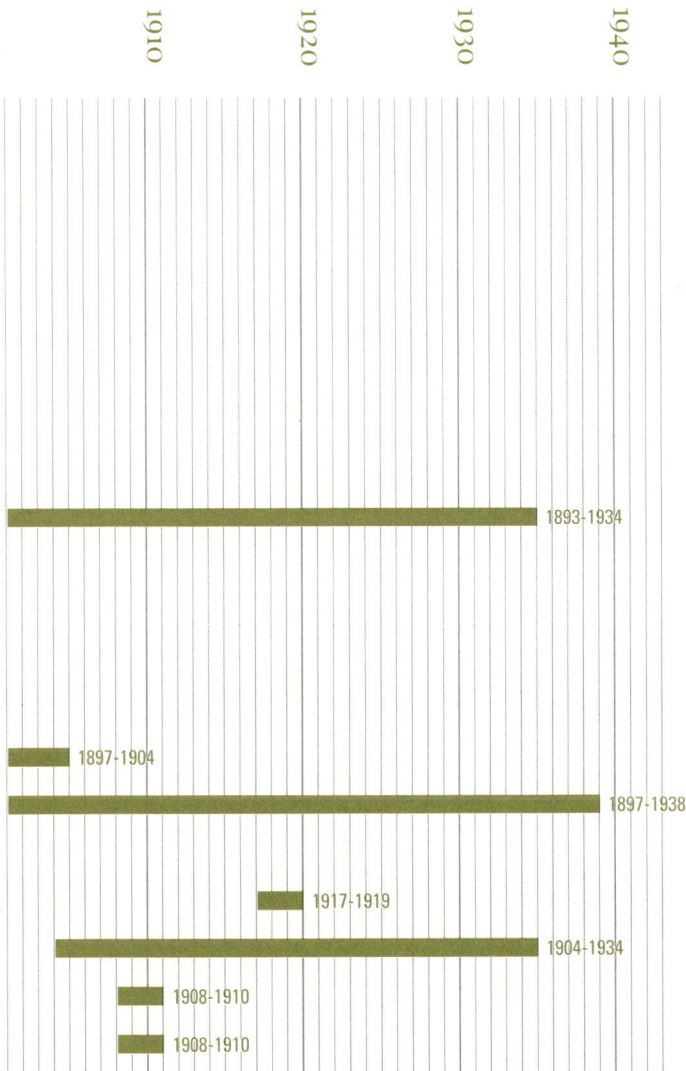

	1890	1900

폴웰 E. Douglas Follwell

와이어 Hugh H. Weir

앤더슨 Albin Garfield Anderson

러들로 Alfred Irving Ludlow

커렐 Hugh Currell

밀즈 Ralph G. Mills

바우만 N. H. Bowman

반버스커크 James Dale Van Buskirk

노튼 Arthur Holmes Norton

맥라렌 Charles I. McLaren

셰플리 William J. Scheifley

에스텝 Kathlyn M. Esteb

다니엘 Thomas Henry Daniel

리딩엄 Roy Samuel Leadingham

쿡 E. D. Cook

스타이츠 Frank M. Stites

오웬스 Herbert T. Owens

맨스필드 Thomas D. Mansfield

플레처 Archibald Grey Fletcher

로렌스 Edna M. Lawrence

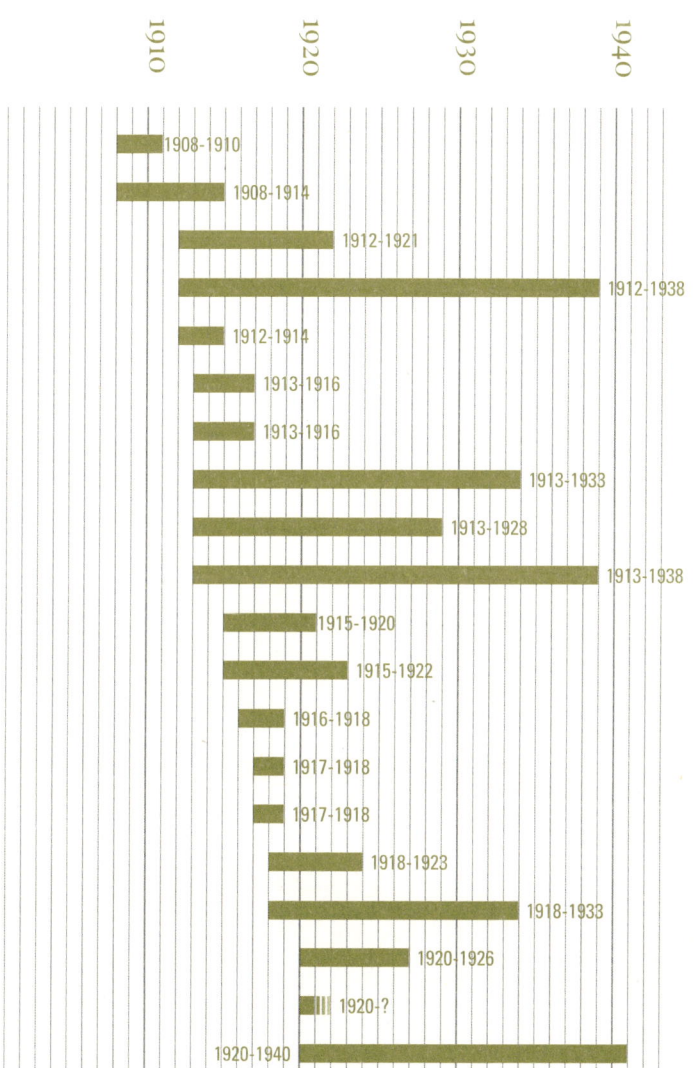

1890　　　1900

브러프　W. C. Bruff

맬컴슨　Oliver K. Malcolmson

케이트　William Robert Cate

맥안리스　John Albert McAnlis

부츠　John Leslie Boots

맥안리스　Florence Guthrie McAnlis

홉커크　Clarence C. Hopkirk

영　Mabel B. Young

테일러　J. E. Rex Taylor

에비슨　Douglas Bray Avison

파운드　Norman Found

마틴　Stanley H. Martin

스탠든　Emily V. Standen

넬슨　Maude I. Nelson

러들로　Theresa E. Lange Ludlow

홀드크로프트　Nellie Ciwan Holdcroft

앤더슨　Earl Willis Anderson

피터스　Alexander Albert Pieters

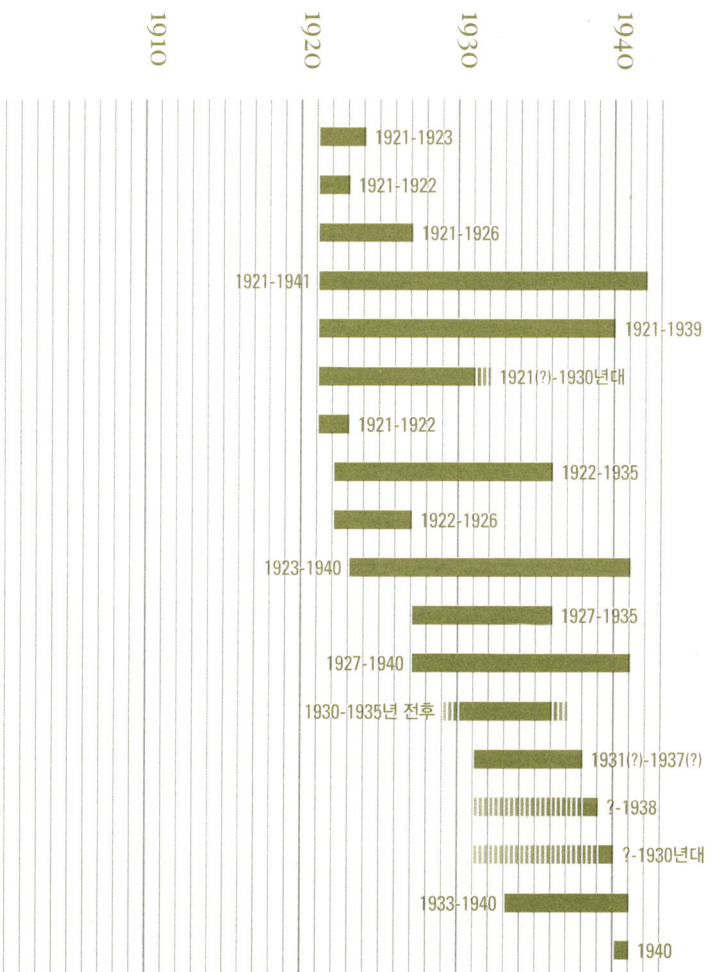

호러스 알렌

Horace N. Allen

재직년 1884-1887
생몰년 1858-1932
소 속 미북장로회
한국명 안련(安連)

알렌은 1858년 4월 23일 미국 오하이오주 델라웨어(Delaware)에서 태어났다. 1881년 오하이오주 웨슬리언대학교(Wesleyan University)에서 신학을 전공했고, 이어 1년 동안 콜럼버스에서 의학을 공부했다. 1883년 오하이오주 신시내티의 마이애미의과대학(Miami Medical College)을 졸업한 후 의사면허를 취득했다.

알렌은 의과대학 졸업 직전인 1883년 3월 북장로회 해외선교부에 선교를 지원했는데, 중국 선교사로 파송되어 1883년 10월 11일 상하이에 도착하게 되었다. 그러나 중국에서의 선교활동은 그의 생각과 같이 순조롭지 못했고 1년 동안 의료사업을 하며 상하이와 난징 등을 전전했다. 그러던 중 상하이에서 친교가 있던 의사 핸더슨이 의사가 필요한 서울에 가기를 권유했고, 그는 1884년 6월 8일 미국 북장로회 해외선교부에 조선의 선교사로 갈 것을 자원했다. 1884년 9월 20일 제물포에 도착한 알렌은 한국에 온 최초의 의료선교사가 되었다.

조선에 들어온 그는 미국공사관 전속의사로서 한국 생활을 시작했다. 의료선교를 위해 왔으나 입국 초기에는 선교사인 사실을 드러낼 수 없어 미국공사관 공의라는 신분을 내세워야 했다. 알렌이 조선으로 들어온 지 3개월 만에 갑신정변이 일어났고, 목숨이 위태롭던 민영익을 외과술로 살려내면서 서양의학에 대한 경의와 조선 왕실의 신뢰를 받게 되었다. 이를 계기로 알렌은 고종에게 병원 건설안을 제출했고, 1885년 4월 최초의 서양식 병원인 제중원이 개원하는 데 결정적인 역할을 했다. 그는 제중원 운영 이외에도 고종과 명성황후의 주치의로 활동했고, 1887년 8월에는 주미 조선공사관의 초대 전권대신 박정양을 보좌하는 참찬관이 되어 제중원을 떠나게 되었다. 헤론 사후에는 다시 제중원으로 돌아와 1890년 8월부터 1891년 4월까지 다시 원장을 맡기도 했다.

1890년에는 미국공사관 서기관으로 임명되어 외교활동을 시작했다. 이후 1897년 주한 공사 겸 서울 주재 총영사가 되었고, 1901년에는 주한 미국전권공사가 되어 미국 외교관으로서 우리나라와 미국 간 외교사에서 중요한 역할을 담당했고, 동아시아의 현실을 인식하고 해법을 제시하는 역할을 했다. 1904년 고종으로부터 훈일등과 태극대수장을 받았고, 1905년 을사조약 체결 후 미국으로 귀국했다. 저서로는 *Korean Tales*(New York & London: G. P. Putnam's Sons, 1889), *A Chronological Index*(Seoul, 1901), *Things Korean*(Seoul, 1908)가 있다. 1932년 미국에서 사망했다. 고종이 알렌에게 수여한 훈장은 알렌의 사후 유가족이 보관해오다가 연세대학교 의과대학에 기증했고, 2015년 문화재청 등록문화재로 지정되었다.

윌리엄 스크랜턴

William Benton Scranton

재직년 1885
생몰년 1856-1922
소 속 미북감리회
한국명 시란돈(施蘭敦)

스크랜턴은 1856년 5월 29일 미국 코네티컷주 뉴헤이븐(New Haven)에서 출생했다. 아버지 윌리엄 스크랜턴(William T. Scranton)이 그가 열여섯 살일 때 별세했기 때문에 어머니 메리 스크랜턴(Mary Fletcher Scranton, 1832-1909)의 영향을 많이 받으며 자랐다. 그의 어머니는 매사추세츠주 감리교회 목사 집안 출신이었으며, 후일 선교사가 되어 아들 윌리엄과 함께 한국으로 와서 1886년 한국 최초의 여학교인 이화학당(梨花學堂)을 설립했다.

윌리엄 스크랜턴은 1878년 예일대학교(Yale University)를 졸업했고, 1882년에는 컬럼비아대학교(Columbia University) 의과대학을 졸업, 오하이오주 클리블랜드(Cleveland)에서 개업했으며, 룰리 암즈(Loulie Wyeth Arms)와 결혼했다. 2년

후인 1884년 일본에서 활동하던 감리교 선교사 매클레이(R. Maclay)에게서 선교사직을 제안받고는 거절했으나, 그해 여름 장티푸스에 걸려 투병생활을 하면서 생각을 바꾸었다. 그 결과 같은 해 12월 미북감리회 선교사가 되었고, 이듬해에는 어머니 메리, 아내 룰리와 함께 아펜젤러 목사 부부를 따라 한국에 왔다.

알렌의 요청으로 1885년 5월 22일부터 제중원에서 근무하기 시작했으며, 주로 환자를 마취하는 일을 담당했다. 그러나 제중원 운영과 관련하여 알렌과 이견이 생겨 오래 머무르지 못하고 같은 해 6월 24일 제중원을 떠났다.

이후 스크랜턴은 정동에 있던 자신의 집에서 의료활동을 시작했고, 이듬해에는 별도의 병원 건물을 마련하여 1887년 고종에게서 시병원(施病院, Universal Hospital)이라는 이름을 하사받았다. 스크랜턴은 이후 보구녀관(保救女館, Caring for and Saving Woman's Hospital)을 설립하여 여성들을 대상으로 한 의료활동을 벌였고, 1895년에는 시병원을 상동으로 옮겨 기존의 상동병원(尙洞病院)과 통합했다.

1907년 선교정책을 둘러싸고 친일적 성향이었던 감리교 선교부의 메리먼 해리스(Merriman C. Harris)와 충돌을 빚고 선교사직에서 은퇴했으며, 교파도 성공회로 옮겼다.[1] 이후 독자적으로 의료행위에 전념하여 서울, 평북 운산, 충남

직산, 중국 다롄(大連) 등에서 활동했다. 1917년 일본 고베(神戶)로 건너갔으며, 1922년 별세했다.

1 윌리엄 스크랜턴은 미북감리회 소속 선교사였으나 1907년 선교부 해리스와 충돌한 후 성공회로 옮겼다. 그러나 김승태·박혜진 엮음, 『내한선교사총람』(서울: 한국기독교역사연구소, 1994), 439쪽에는 미북감리회로만 표시되어 있고, 성공회는 표시되어 있지 않다. 해리스와 충돌 이후 선교사직에서 은퇴했기 때문에 그 이후의 교파를 기록하지 않은 것으로 보인다.

존 헤론

John. W. Heron

재직년 1885-1890
생몰년 1856-1890
소 속 미북장로회
한국명 헤론(惠論)

미북장로회에서 한국 선교를 위해 처음으로 임명한 의료선교사이다. 헤론은 1856년 6월 15일 영국 더비셔(Derbyshire)에서 스코틀랜드 출신 회중교회 목사의 장남으로 태어났다. 그의 가족은 그가 14세 되던 1870년 5월, 미국 남부 테네시주 녹스빌(Knoxville)로 이주했다. 그는 테네시주에 있는 메리빌대학교(Maryville University)를 졸업한 후 4년간 공립학교 교사로 일했으며, 1883년 테네시대학교(University of Tennessee) 의과대학을 수석으로 졸업했다.

그 후 해외선교사로 활동한 의사 깁슨(Dr. Gibson)과 함께 아칸소주 존스보로(Jonesboro)에서 18개월 동안 개업의로 동업했고, 뉴욕대학교(New York University) 의과대학병원에서 1년간 수련을 받았다. 그는 깁슨 부부와의 교류를 통해 해외선교에 대한 관심을 키웠고, 한 기독교 선교잡지에서 한국 최초의 세례교인 이수정이 조선에 선교사가 부임하기를 열망한다고 쓴 편지를 보고 조선 선교를 지원했다. 이에 미북장로회는 1884년 4월 조선에 파견할 최초의 의료선교사로 헤론을 지목했다.

그는 조선 선교에 대한 열망으로 모교의 교수직 제의도 거절하고 1885년 선교사로 조선에 파송되었다. 그가 한국에 왔을 때는 이미 제중원이 있었고, 알렌이 원장을 역임하고 있었다. 알렌이 1887년 미국공사관 개설 문제를 담당하게 되어 미국으로 돌아가면서 알렌의 뒤를 이어 제2대 제중원 원장으로 임명되었다. 그는 제중원에서 활동하는 동안 정치적인 성향 없이 오직 의료와 선교사업에 몰두하여 당시 많은 선교사들에게 존경을 받았다. 헤론은 제중원에서 5년 남짓한 기간 동안 일했는데, 거의 하루도 쉬지 않고 열성적으로 진료활동에 전념했다는 일화가 전해진다. 또한 진료 이외에 제중원의학교 강의도 담당했다.

1890년 7월 그의 가족들은 더위와 풍토병을 피해 남한산성 부근으로 피신하였으나 그는 병원을 지키며 진료활동에 매진하다가 끝내 이질에 걸려 세상을 떠났다. 그가 사망한 후 고종은 서양인의 묘지구역으로 양화진의 땅을 하사하여 외국인 묘지를 조성하였고, 헤론은 그곳에 묻힌 첫 외국인 선교사가 되었다. 그는 알렌과 함께 미북장로회 소속 선교사로서 한국 선교 초창기에 중요한 역할을 담당했다고 평가받는다.[1]

---

[1] 김동건·김태수, 「제중원 2대 원장 헤론(John W. Heron M. D.)의 생애」, 『의사학』 9-2, (2000), 205-221; 박형우, 「헤론의 생애와 내한 과정에 대한 고찰」, 『한국기독교와 역사』 42, (2015), 151-181.

호러스 언더우드
Horace G. Underwood

재직년 1885-1886
생몰년 1859-1916
소 속 미북장로회
한국명 원두우(元杜尤)

언더우드는 미북장로회의 선교사로, 1859년 7월 1일 영국 런던에서 태어났다. 13세 되던 해에 미국으로 이주하여 뉴욕에 정착했다. 그는 뉴욕대학교를 졸업하고 뉴브런즈윅신학교(New Brunswick Theological Seminary)를 다니던 시절 인도 선교사가 되기를 희망했으나, 일본에서 온 올스만 박사의 강연을 듣고 한국에 관심을 갖게 되었다.

언더우드는 미북장로회가 한국에 목사로 파송한 최초의 선교사로, 1884년 7월 28일 한국 선교사로 임명되어 감리교 선교사 아펜젤러와 함께 1885년 4월 5일 제물포로 한국에 입국했다. 그는 1년간 의학공부를 했던 경험을 토대로 제중원 개원 초부터 진료보조·약제사·간호사 역할로 합류했다. 이 외에도 1886년 한국 최초의 서양의학교육기관으로 설립된 제중원의학교에서 의학생들에게 물리학과 화학 등을 가르쳤다.

1886년에는 고아원(경신학교의 전신)을 설립하여 어린이들의 교육에 앞장섰다. 1889년에는 제중원의 여의사였던 릴리어스 호턴(Lillias S. Horton Underwood, 1851-1921)과 결혼했는데 건강이 악화되어 미국으로 돌아갔다가 1892년 다시 조선으로 돌아와 선교활동을 지속했다. 1897년에는 서울에 새문안교회를 설립했다. 1899년에는 기독교서회(基督敎書會)를 창설하고, 성서번역위원회를 조직하여 이를 주관하기도 했다. 1900년에는 기독청년회(YMCA)를 조직하고, 1915년에는 자신이 설립한 경신학교에 대학부를 개설한 뒤 교장으로 취임하여 연희전문학교로 발전시켰다. 또한 선교사들을 위한 한국어 문법책과 우리나라 최초의 영한사전을 간행하기도 했다. 1916년 병환으로 귀국하여 애틀랜틱시티(Atlantic City)에서 사망했다. 그는 우리나라 종교·사회·언어·정치·교육·문화 등 다방면에 큰 공적을 남겼으며, 그의 사역은 그의 후손으로 이어져 현재까지도 지속되고 있다.[1]

---

1 박형우,「미국 북장로회 선교사 호러스 G. 언더우드의 내한에 관한 연구」,『동방학지』170, (2015), 53-83; 정운형,「호러스 G. 언더우드의 선교지 결정과 출발」,『동방학지』175, (2016), 167-194.
언더우드가 제중원 교사로 근무했다는 공식 기록은 1886년이다. 그 이후에도 제중원의 업무에 관여하고 도움을 주기는 했지만, 제중원에서 공식 직함을 받지는 않았다.

애니 엘러스

Annie J. Ellers

재직년 1886-1887
생몰년 1860-1938
소 속 미북장로회, 미북감리회

엘러스는 1860년 8월 31일 미국 미시간주 버오크(Burr Oak)에서 장로교 목사의 딸로 태어났다. 1881년 일리노이주에 있는 록포드대학교(Rockford University)를 졸업하고 보스턴(Boston)에서 간호학교를 졸업한 후 의과대학에서 수학했다.

1886년 7월 미북장로회의 의료선교사가 되어 내한했는데, 엘러스의 내한은 제중원의 알렌 등이 남성 의사가 여성 환자를 진료하기 힘든 한국의 상황을 선교본부에 보고하고, 여성 의사의 파견을 요청하면서 이루어졌다. 원래 엘러스는 이란으로 파견되기를 희망했으나, 선교본부가 재차 요청하자 이를 거절하기 힘들어 수락했다고 한다. 내한 후 엘러스는 제중원 내 부인과에서 여성 환자를 진료하는 일을 맡았다. 이와 함께 정2품 정경부인의 직급을 받고 왕후 민씨의 어의로 활동했으며, 육영공원에서 근무하기도 했다.

1887년 7월 엘러스는 미북감리회[1] 소속 선교사로 후일 배재학당 교장을 맡기도 한 벙커(Dalziel A. Bunker, 1853-1932)와 알렌의 집에서 결혼했다. 엘러스는 결혼한 후 의료 관련 업무에서 떠나게 되었고, 그녀가 담당했던 제중원 부인과 업무는 릴리어스 호튼(Lillias S. Horton)이 맡게 되었다. 이후 엘러스는 교육활동에 관심을 두고 1888년 3월 12일 자신의 집에서 15세의 학생 두 명을 두고 정동여학당이라는 여학교를 개교하여 학장으로 있다가 다시 그해 11월에 메리 하이든(Mary E. Hayden, 1857-1900)에게 자리를 넘겼다. 이후 미북감리회로 소속을 옮긴 엘러스는 남편과 함께 많은 교회들을 개척하는 데 헌신했다.

1926년 선교사직에서 은퇴하고 미국 캘리포니아주로 돌아갔으나, 1932년 남편 벙커가 사망하자 그의 유언에 따라 유해를 양화진에 안장하기 위해 내한했다. 미국에 다시 돌아갔다가 1937년 한국에 와서 황해도 소래 지역에 거주하다가 1938년 8월 8일 서울에서 세상을 떠났다.[2]

---

[1] 애니 엘러스는 미북장로회 소속 선교사였으나, 미북감리회 소속 벙커와 혼인한 후 소속을 미북감리회로 옮겼다. 그러나 『내한선교사총람』 208쪽에는 미북장로회만 표시되어 있다.

[2] 『국민일보』에서 「첫 여성 의료선교사, 애니 엘러스」라는 제목으로 2015년 11월 9일부터 같은 해 12월 28일까지 총 8회에 걸쳐 연재한 바 있다.

릴리어스 언더우드
Lillias S. Horton Underwood

재직년 1888-1889
생몰년 1851-1921
소 속   미북장로회
한국명   호돈(好敦)

결혼 전의 이름은 릴리어스 스털링 호튼(Lillias Stirling Horton)이다. 1851년 6월 21일 미국 뉴욕주 알바니(Albany)에서 출생했다. 시카고여자의학교(Women's Medical College of Chicago)를 졸업하고 시카고 아동병원에서 근무하다 1888년 3월 27일 미북장로회 소속 의료선교사로 내한했다.

내한 후에는 애니 엘러스의 뒤를 이어 제중원 부인과를 맡았다. 그 외에도 왕후 민씨의 시의(侍醫)였으며, 위안스카이(袁世凱)의 부인을 치료하기도 했다. 1889년 3월 그녀와 마찬가지로 미북장로회 소속 선교사였던 호러스 언더우드(Horace Grant Underwood)와 서울에서 결혼하여 황해도와 평안도 지방으로 신혼여행을 겸한 선교지 탐방여행을 다녀왔다. 1890년 첫 아들을 낳은 이후로는 건강이 나빠졌지만 건강이 허락하는 한 진료를 계속했다. 결혼 이후에는 자신의 집에서 주로 진료활동을 한 것으로 보이나, 1892년에는 미국 뉴욕의 휴 오닐 부인의 기부를 받아 휴 오닐 2세 기념 진료소(The Hugh O'Niel Jr. Memorial Dispensary)를 세우고 여기에서 여성과 아동 환자를 진료했다.

1904년 이후로는 의료활동보다는 여성 전도사업에 전념했는데, 그러면서도 교육이나 사회사업에도 관심을 가졌다. 1921년 서울에서 별세하여 양화진 외국인 묘지에 안장되었다. *Fifteen Years among the Top-knots-Life in Korea*,[1] *With Tommy Tompkins in Korea, Underwood of Korea* 등의 저서가 있으며, 『천로역정』과 『지킬 박사와 하이드씨』를 한역하기도 했다.[2]

---

[1] 한역본은 김철 옮김, 『언더우드 부인의 조선생활: 상투잽이와 함께 보낸 십오 년 세월』(서울: 뿌리깊은 나무, 1984). 이후 이 책은 『언더우드 부인의 조선 견문록』(서울: 이숲, 2008)이라는 제목으로 재출간되었다.
[2] 박형우, 『세브란스와 한국의료의 여명』(서울: 청년의사, 2006), 331-332.

로버트 하디

Robert A. Hardie

재직년 1891, 1897-1899
생몰년 1865-1949
소 속 캐나다장로회
한국명 하리영(河鯉泳)

하디는 1865년 캐나다 온타리오주 칼레도니아(Caledonia)에서 출생했다. 1887년에 토론토대학교(University of Toronto) 의대를 졸업했다.

그는 토론토대학 YMCA의 파송을 받아 1890년 9월 한국에 도착했으며, 1891년 정초부터 4월까지 제중원에서 근무했다. 헤론 사후 제중원으로 복귀했던 알렌은 1890년 7월 참찬관이 되어 제중원을 떠나있었고, 그동안 하디가 제중원에서 근무했다. 의대를 졸업했으나 진료 경험이 없던 그는 진료를 원치 않아 곧 임지를 옮겼다. 이후 에비슨의 제중원 발전책에 따라 1897년 5-9월과 1898-1899년 사이에 다시 돌아와 일을 하기도 했다.

1903년 원산부흥운동의 주역으로 의료활동보다 부흥운

동에 적극 참여했고, 1907년 대부흥운동이 일어나도록 도왔다. 1909년에는 협성신학교에서 교장직을 수행했다.

찰스 빈튼

Charles C. Vinton

재직년 1891-1893
생몰년 1856-1936
소 속 미북장로회
한국명 빈돈(賓敦, 賓頓)

1856년 미국 매사추세츠주 보스턴(Boston)에서 태어난 찰스 빈튼은 1880년 프린스턴대학교(Princeton University)를 졸업한 후, 1885년 컬럼비아대학교(Columbia University) 의과대학을 졸업했다. 뉴욕 이민국 의무관으로 근무하다가 1891년 4월 미북장로회 소속 의료선교사로 조선에 들어왔다.

내한 후 그는 헤론의 갑작스러운 사망으로 혼란을 겪던 제중원의 새로운 책임자로 임명되었다. 3대 원장으로 제중원에 부임한 빈튼은 알렌이나 헤론과는 달리, 의료와 교육에 선교와 동일한 비중을 두지 않았다. 그는 의료와 별도로 독자적인 선교사업을 전개해야 한다고 강조했고, 조선인이 과학적인 교육을 받을 만한 두뇌를 갖고 있지 않다는 이유를 들어 제중원에서의 의학교육을 반대하기도 했다.

선교활동의 확대를 강경하게 주장하던 그는 전도활동이 금지된 제중원의 상황에 불만을 품었고, 제중원을 본격적인 포교 공간으로 이용하려고 했다. 그러기 위해 빈튼은 제중원에 교회를 설립하고자 시도했고, 나아가 조선 정부의 영향력에서 벗어나 독립적으로 제중원을 운영하려고 했다. 결국 그는 제중원 예산을 독자적으로 집행하려다가 조선 정부와 마찰을 빚었다.

그는 1891년 5월 경비의 자유로운 사용에 대한 의사의 권리를 비롯하여 제중원 운영에 대한 몇 가지 조치를 요구하면서 근무를 거부했다. 그러나 그의 요구는 조선 정부의 강한 반발에 부딪혀 수락되지 않았다.

이후 빈튼은 오전 근무를 하지 않거나 날씨가 궂으면 문을 열지 않는 등 제중원 업무를 소홀히 하다가, 약값 유용, 제중원 내 예배실 부재, 전도활동 불가 등을 이유로 들어, 1892년부터 자택에 진료소(Walder Dispensary)를 열고 개인적으로 활동했다. 미북장로회 선교부는 빈튼의 이런 태도를 제중원을 잃게 할 수도 있는 위험한 행동으로 판단했고, 서둘러 빈튼을 대신할 제중원 원장으로 에비슨을 임명했다. 이에 따라 1893년 11월 올리버 에비슨이 제중원 원장으로 부임하였고 빈튼은 제중원을 떠났다.

그렇지만 사임 후에도 빈튼은 선교부의 요청이 있을 때

마다 제중원에서 진료를 도왔다. 가령 빈튼은 에비슨이 1899년 안식년을 떠났을 때, 1900년 12월 장티푸스로 쓰러졌을 때, 그리고 1901년 평양을 방문했을 때 등 그가 제중원에서 부재중일 때마다 그를 대신하여 진료를 맡았다.

빈튼은 1908년 선교사직을 그만두고 미국으로 돌아가 워싱턴주 시애틀(Seattle)에서 생활했으며, 1936년 6월 26일 뉴욕에서 사망했다.[1]

---

[1] 찰스 빈튼, 김인수 옮김, 『빈튼 의사의 선교편지: 1891-1899』(서울: 쿰란출판사, 2015); 문백란, 「제중원 운영권 이관문제 검토-선교자료를 중심으로」, 『동방학지』 177, (2016), 207-239.

올리버 에비슨
Oliver R. Avison

재직년 1893-1934
생몰년 1860-1956
소 속 미북장로회
한국명 어비신(魚丕信)

1860년 6월 30일 영국 요크셔(Yorkshire)에서 태어난 에비슨은 6세가 되던 해인 1866년에 캐나다 온타리오주로 이주했다. 그는 1879년 오타와의 고등사범학교를 졸업하고, 1884년 토론토의 온타리오 약학교를 졸업한 뒤 모교 교수로 활동했다. 이어서 그는 1884년 토론토대학교 의과대학에 편입하여 1887년 6월에 졸업했고, 졸업한 뒤에는 모교의 강사를 거쳐 교수가 되었으며 토론토시장의 주치의로 활동하기도 했다.

그는 감리교도이면서도 교파를 초월한 선교를 중시하여 기독교청년회(YMCA)와 조선연합선교회(Corean Union Mission) 등에서 적극적으로 활동했다. 그러던 중 미북장로회 선교사인 호러스 언더우드를 만나, 그의 권유로 해외 의료선교사로 자원했다. 이 과정에서 에비슨은 교파가 다른 자신을 지원해준 미북장로회의 태도에 감동을 받아서 그곳으로 교적을 옮기고 내한했다.

1893년 8월 서울에 도착한 그는 고종의 피부병을 치료한 일을 계기로 왕실 주치의가 되었고, 이후 조선 왕실과 긴밀한 관계를 유지했다. 그는 1895년 을미사변이 일어나자 고종을 보호하기 위해 다른 선교사들과 함께 불침번을 섰으며, 1895년 11월 궁내부 관료, 반일·친러·친미 인사들이 함께 고종의 경복궁 탈출을 도모한 춘생문사건에 관여했다. 비록 고종의 탈출 계획은 성공하지 못했지만, 에비슨을 비롯한 선교사들은 일본 및 친일 관료들로부터 고종을 보호하고자 했다.

에비슨은 1893년 11월에 제중원 원장이 되어, 빈튼이 원장으로 재임하던 시절에 거의 상실했던 병원의 기능을 회복시켰다. 에비슨은 1894년 조선 정부와 협상을 해서 제중원의 운영을 선교부가 주도하게끔 했고, 이로써 병원 내에서 선교 활동을 공식적으로 실시하게 되었다. 이와 함께 에비슨은 조선 정부와는 독립적으로 운영되는 선교병원의 설립을 도모했다. 이를 위해 남대문 바깥에 병원 부지를 매입하고 미국인 실업가 루이스 세브란스(Louis H. Severance, 1838-1913)의 지원을 받아서 세브란스병원을 건립하고 1904년에 개원했다. 세브란스병원은 원장 에비슨의 주도 아래 초교파적으로 운영되었으며, 말라리아·결핵·콜레라를 비롯하여 조선에 만연하던 질병의 치료와 방역에 적극적으로 관여했다.

에비슨은 조선인 의사 양성을 위해 의학교육체계를 설립했다. 그는 1901년 제중원에 의학교를 설치하고 조선인 학생을 모집하면서 본격적인 의학교육을 실시했다. 제중원의학교 최초 입학생들은 7년간의 수련을 거친 뒤 1908년에 졸업했으며, 이후 에비슨은 1934년 교장직에서 사임할 때까지 352명의 졸업생을 배출했다. 그동안 에비슨은 헨리 그레이의 『해부학 교과서』 등 영어로 된 의학 서적들을 한글로 번역하여 조선인 학생들을 위한 교재들을 만들었다. 아울러 그는 간호교육에도 관여했는데, 1906년 에스더 쉴즈(Esther L. Shields, 1868-1940)를 도와 세브란스병원 내에 간호부양성소를 창설했고, 학생들을 위한 한글 교재를 편찬했다.

이 외에도 1919년에 일어난 독립만세운동 때 그는 식민통치의 가혹감과 비관용, 민족차별 등 조선총독부가 저지르고 있는 폭정에 대하여 총독부 측에 답변을 요구하는 한편, 만세운동의 상황과 폭압적인 탄압이 자행되는 식민지의 현실을 해외에 알리기도 하는 등 독립운동에도 관여했다.

이와 같이 조선의 보건의료계뿐만 아니라 독립운동에까지 관여했던 그는 1934년 세브란스병원장 및 의학전문학교의 교장직에서 물러나 1935년 미국으로 돌아갔다. 그는 명예교장에 추대되었고, 미국으로 돌아간 이후에도 1942-43년에 기독교인친한회(The Christian Friends of Korea)의 재무를 맡아 대한민국임시정부의 승인과 독립운동을 지원할 것을 호소하는 활동을 지속했고, 1956년 8월 28일 미국 플로리다에서 96세의 나이로 사망했다. 해방 후 한국전쟁이 한창인 1952년, 대한민국정부는 한국을 위해 힘쓴 그의 활동을 인정하며 독립장을 수여했다. 세브란스 출신으로서는 가장 먼저 서훈을 수여받은 것이다.[1]

---

1 이선호·박형우, 「올리버 알 에비슨(Oliver R. Avison)의 의료선교사 지원과 내한 과정」, 『역사와경계』 84, (2012), 147-170; 박형우, 「올리버 알 에비슨의 생애」, 『연세의사학』 13-1, (2010), 5-13; 이영식, 「올리버 R. 에비슨의 생애와 한국에서의 선교활동」, 『역사신학논총』 28, (2015), 150-226; 여인석, 「에비슨의 사상」, 『연세의사학』 13-2, (2010), 73-88; 김승태, 「3·1운동 시기 세브란스 외국인 선교사들의 대응」, 『연세의사학』 22-1, (2019), 55-88.

찰스 어빈

Charles H. Irvin

재직년 1893-1894
생몰년 1862-1933
소 속 미북장로회
한국명 어을빈(魚乙彬)

1862년 미국에서 태어난 어빈은 미북장로회 소속으로 일본 요코하마에서 선교의사로 활동하던 중, 1893년 11월 말 에비슨의 병원 확장정책에 따라 조선에 파견되었다.

그는 내한 직후 제중원에서 에비슨을 돕다가 같은 교단 소속으로 부산에서 활동하던 선교의사 브라운(Hugh Brown, 1867-1896)이 병으로 귀국하자 1894년에 부산으로 전임했다. 이후 그는 부산에 거주하던 영국인의 사택을 양도받아 진료소를 열었다가, 1903년 대규모 선교병원인 전킨기념병원(Junkin Memorial Hospital) 설립에 관여했고, 병원이 완공되자 원장으로 부임했다. 이곳에서 그는 진료와 선교에 힘쓰는 한편, 조선인 조수 고명우(高明宇, 1883-1950)에게 영어와 의학을 가르쳐서 후일 그가 의사가 되는 길을 열어주었다.

어빈은 1911년까지 전킨기념병원에서 근무하다가 선교사직을 그만두었고, 이후 개인병원인 '어을빈의원'을 운영했다. 그는 부인인 베르타 어빈(Bertha Irvin, ?-1940)과 함께 선교했는데, 그녀는 부산에서 고아와 빈민층 여성을 위한 야학인 '규범학교'를 개교하고 문맹퇴치에 힘썼다. 이후 어빈은 계속 부산에서 활동하다가 1933년에 사망했다.[1]

---

1 정원길,「미국북장로교회의 경남선교와 경남서북지방 교회설립」, 고신대학교 석사학위논문, (2015), 67-75.

애나 제이콥슨
Anna P. Jacobson

재직년 1895-1897
생몰년 1868-1897
소 속 미북장로회

애나 제이콥슨1은 미북장로교에서 한국에 파견한 첫 선교간호사로, 1868년 노르웨이에서 태어나 미국 메인주 포틀랜드(Portland)에서 간호교육을 받았다. 제중원 원장 에비슨의 요청으로 1895년 4월 의사 화이팅과 함께 한국에 파견되었다.

제이콥슨이 조선에 도착한 해에는 대규모로 콜레라가 유행하여 에비슨을 비롯한 의료선교사들은 콜레라 방역사업에 착수했다. 1895년 에비슨 원장은 '위생부'를 조직했는데, 제이콥슨도 여기에 소속되어 일했으며 콜레라 퇴치에 적극적으로 활동했다. 또한 제이콥슨은 제중원에서 간호학 교수로 '붕대법 및 마사지'를 가르쳤고, 한국의 아동들에게 애정을 아끼지 않았다고 전한다. 1896년 8월 심한 이질에 걸렸으나 회복된 것으로 판단하였고 다시 병원 업무를 재개하였는

데, 같은 해 10월 건강 상태가 급격하게 악화되었다. 조선에서 근무한 지 2년이 채 안된 1897년 1월 간농양 수술을 받고 1월 20일 29살의 꽃다운 나이에 사망했다. 1897년 1월 21일자 『독립신문』에서는 제이콥슨의 사망소식을 알렸다. 사망 후 양화진 묘지에 안장되었다.

1 애나 제이콥슨의 일반적인 영문표기는 Anna P. Jacobson이나, Jacobsen으로 표기한 사료도 존재한다. Jacobson과 Jacobsen은 동일인물로 보인다.

조지아나 화이팅

Georgiana E. Whiting

재직년 1895-1897
생몰년 1869-1952
소 속 미북장로회 및 미남장로회

미북장로회 소속 의료선교사로, 1895년 4월에 내한하여 1897년까지 제중원의 재정을 관리했고 여성 의사로서 여성 진료활동을 했다. 1898년 11월에는 미남장로회 오웬 의사와 결혼하여 '오 부인'으로 불렸다. 1900년에는 북장로회를 사임하고 남장로회 선교부로 이전했고, 같은 해 순회진료로 인한 과로로 남편 오웬이 사망한 이후에도 선교활동을 지속하여, 1923년 미국으로 귀국할 때까지 전남 목포·광주·순천 등지에서 선교활동을 후원하며 환자 진료를 했다.

그녀가 내한했을 때 이승만 전 대통령은 배재학당에 재학하고 있었는데, 그녀는 이승만에게 영어를 가르치고, 대신 조선어를 배웠다. 그러한 인연으로 을미사변 이후 일어난 춘생문사건(일부 군인들이 경복궁에 갇힌 고종을 러시아 공사관으로 탈

출시키려다 실패하여 처형된 사건)이 일어났을 때 그녀는 이승만의 머리에 붕대를 감아 여성환자로 변장시켜 서울을 빠져나가게 도와주기도 했다.[1] 1952년 1월 24일 미국 콜로라도주 덴버(Denver)에서 사망했다.

---

1 이주영, 『이승만 평전』(서울: 살림, 2014).

하딩
D. W. Harding

재직년 1895-1897
생몰년 미상
소 속 불명

1895년부터 1897년까지 제중원에서 2년간 근무했다. 제중원에서의 직위를 비롯하여 그와 관련된 다른 기록은 찾을 수 없다.[1]

---

1 세브란스연합의학전문학교교우회 편, 「창립초대구직원」, 『校友會員住所及名簿』(서울: 世富蘭偲聯合醫學專門學校校友會, 1934), 7-18.

에바 필드
Eva H. Field Pieters

재직년 1897-1904
생몰년 1868-1932
소 속 미북장로회
한국명 필(弼)

미북장로교회 소속 의료선교사로, 1896년 시카고여자의대(Woman's Medical College of Chicago)를 졸업하고 쿡 카운티(Cook County)의 메리톰슨(Mary Thompson)병원에서 인턴생활을 했다.

1897년 10월에 내한한 필드는 당시에 드물었던 여성 의사로, 제중원에 부임하여 부녀과에서 여성 환자들을 치료했다. 1899년 에비슨이 안식년으로 캐나다에 갔을 때 쉴즈와 함께 제중원의 책임을 맡기도 했다. 그녀는 제중원에 재직(1897-1904)하는 동안 일기를 작성했는데, 이 일기를 통해 제중원의 운영권이 선교본부로 이관된 이후의 제중원의 운영을 엿볼 수 있다.

1908년 최초의 시편 번역자인 유대인 북장로교 선교사

피터스(Alexander A. Pieters: 1872-1958, 彼得)와 결혼했다. 결혼 이후에 1913년부터 1921년까지 재령에서 살았고, 1922년부터 선천에 거주했다. 그녀는 의학교 강의, 한영사전 원고 편집·교정, 공중위생사업, 번역, 성서반 강의, 한국어판 찬송가 작성 등 의료선교와 관련한 다양한 사업에 참여했다. 1932년 서울 세브란스병원에서 암으로 사망했는데, 필드가 세상을 떠나자 남편 피터스는 아내를 기리는 의미에서 세브란스병원에 대수술실을 마련했다.

에스더 쉴즈

Esther L. Shields

재직년 1897-1938
생몰년 1868-1940
소 속 미북장로회
한국명 수일사(秀日斯)

1868년 미국 펜실베이니아주 테일러빌(Taylorville)에서 태어났다. 1897년 필라델피아병원 간호원양성학교(Philadelphia Hospital Training School for Nurse)를 졸업하고 세인트티모시병원(St. Timothy Hospital)에서 1년간 간호훈련과정을 거쳤다.

북장로교 선교사로 1897년 10월 한국에 온 쉴즈는 순직한 안나 제이쿱슨(Anna P. Jacobson, 1868-1897)의 뒤를 이어 제중원에서 근무한 두 번째 간호사였다.[1] 쉴즈는 세브란스병원의 간호교육을 책임지면서 당시 간호교육에 참여한 한국 여성들이 주체적인 자기 인식과 전문 직업인으로서의 자의식을 가질 수 있도록 간호사의 12가지 생활수칙을 정하여 직업의식이 몸에 배도록 독려하기도 했다.[2] 1906년 9월 세브란스병원에 간호부양성소가 개설되자 쉴즈는 초대 교장으로 취임하여 간호사를 양성했고, 최초의 간호사 단체인 재선졸업간호부회(在鮮卒業看護婦會)를 조직하여 대한간호협회의 뿌리인 조선간호부회를 창설하는 등 한국 간호계에 굵직한 성과를 남겼다. 또한 그녀는 최초로 보건간호사업을 개발하여 시행했고, 종합병원 안에 간호원장제를 마련했다.

1938년 12월 은퇴할 때까지 40년간 세브란스병원에서 간호교육과 간호사업에 헌신했고, 1939년 고향으로 귀국한 후 1940년 11월 펜실베이니아주 루이스버그(Lewisburg)에서 72세를 일기로 영면했다.

---

1 1890년대 후반부터 1906년까지의 기간 중 평안도 선천에서 일한 기록도 있다.
2 에스더 쉴즈가 정한 간호사의 12가지 생활수칙은 다음과 같다. "청결하라. 침묵하라. 낙관적으로 생활하라. 상식을 활용하라. 최선을 다하라. 이름을 기억하라. 물품을 아껴라. 협동하라. 환자에게 적극적인 관심을 가져라. 환자에 대한 험담을 하지 말라. 인성을 길러라. 항상 활기차게 생활하고, 자주 미소 지어라." 신규환·박윤재, 『제중원·세브란스 이야기』(서울: 역사공간, 2015), 76.

메리 피시

Mary Alice Fish
Mrs. Samuel Austin Moffet

재직년 1899-1900
생몰년 1870-1912
소 속 미북장로회

미북장로회 의료선교사로 1870년 4월 8일 미국 캘리포니아 주에서 태어났다. 피시는 1890년 캘리포니아주의 산타로사 신학교(Santa Rosa Seminary)를 졸업했다. 1895년 샌프란시스코의 쿠퍼의과대학(Cooper Medical College)을 졸업했다. 의과대학 마지막 학년일 때에는 펜실베이니아여자의과대학(Woman's Medical College of Pennsylvania)에서도 수학했다.

1896년에는 필라델피아의 라잉 인 자선병원(Lying in Charity Hospital)에서 상주의사로 일했다. 그 후 필라델피아의 동종요법학교(Homeopathic Graduate School)을 졸업하고 시카고로 건너와 미북장로교회 해외선교부에 지원하여 1897년 내한했다.

1899년 6월 1일에 장로교회 선교사인 모펫(Samuel Austin

Moffett, 1864-1939)과 결혼했다.[1] 1899-1900년에는 제중원에서 일했다. 이후 남편을 따라 평양을 중심으로 사역했는데, 1912년 7월 12일 평양에서 이질로 사망했다.

---

[1] 모펫의 아들이자 저명한 신학연구자인 사무엘 휴 모펫(Samuel Hugh Moffett, 1916-2015)의 부인인 에일린 모펫(Eileen F. Moffett)이 작성한 모펫(Samuel Austin Moffett)의 연대기 참고.
http://koreanchristianity.cdh.ucla.edu/images/stories/moffett_chronology.pdf

알프레드 샤록스

Alfred M. Sharrocks

재직년 1899-미상, 1917-1919
생몰년 미상-1919
소 속   미북장로회
한국명 사락수(謝樂秀)

미북장로회의 의료선교사로, 미국 미주리주 파크대학교(Park University)를 졸업했다. 1899년 9월에 북장로회의 의료선교사로 부인과 함께 한국에 왔다. 한국에 입국한 후 바로 제중원에서 근무하면서 에비슨을 도와 의학교육을 하는 한편, 해부학·생화학·생리학·약물학·세균학·위생학 등의 교과서들을 편찬했다. 세브란스의학교 제1회 졸업생인 김필순(1878-1919)이 그의 통역이자 조수로 발탁되어 교과서 번역 편찬사업을 도왔다.

제중원 이외에도 평안북도 선천 지역의 의료선교사업에 참여했는데, 이때 그에게 의학교육을 받은 주현측(1882-1942)이 세브란스에 입학하여 세브란스의학교 제1회 졸업생이 되었다. 그는 교육사업에도 참여하여 1907년 평안북도 선천읍에 노먼 휘트모어, 시릴 로스, 양백전 목사 등과 함께 보성여학교를 세웠다. 1917-1919년 세브란스의학전문학교 이사로 활동하기도 했다. 샤록스의 딸 엘라(Ella)는 1926년 한국에 와서 세브란스병원 교수와 간호과장을 역임했다.

제시 허스트

Jesse Watson Hirst

재직년 1904-1934
생몰년 1864-1952
소 속 미북장로회
한국명 허시태(許時泰), 허제(許濟)

1864년 3월 메사추세츠주 폴리버(Fall River)에서 태어난 허스트는 교회에서 활동하는 부모의 영향으로 성가대 독창자로 활약했고, 운동에도 뛰어난 재능이 있었다. 이스트햄프턴(East Hampton)시의 윌리스턴신학교(Williston Seminary)를 졸업하고, 1890년 프린스턴대학(Princeton College)을 졸업했다. 재학 중 해외선교 학생봉사운동(Student Voluntary Movement for Foreign Missions)에 가담하여 선교사가 되겠다고 서약했다. 그 후 필라델피아 제퍼슨의과대학에 입학하여 1893년 졸업했다.

이후 학비를 갚기 위하여 5년 동안 개업했고, 1899년 존스홉킨스병원에서 6개월의 수련과정을 거쳤다. 외과의의 조수로서 2년, 이어 모교에서 조직학 교수로서 1년 동안 재직하며 개업의와 병행했다. 의업에 종사하면서도 선교활동에 관심을 가졌고 선교본부에 지원하여 한국으로의 파견이 결정되었다. 1904년 9월 북장로교 의료선교사로서 한국에 도착했다. 선교위원회의 추천서에는 그를 끈기 있는 사람, 역경을 당해도 주저앉지 않을 사람, 선한 사마리아인의 정신을 가진 사람, 기독교신사라고 평가했다.[1]

그가 한국에 도착했을 당시 세브란스는 새 병원으로 한창 이전 중이었는데, 그러한 상황에서 에비슨 원장을 도와 환자를 진료했고, 세브란스의학교 학생 7명을 교육했을 뿐 아니라 병원 건축 마무리 작업까지 담당했다. 에비슨 원장과 허스트가 길러낸 학생 7명은 바로 1908년 6월에 한국 최초의 의사면허증을 발부받았다. 허스트는 세브란스병원에서 교육과 임상을 병행하여, 주로 해부학·조직학·세균학·산부인과학·소아과학 등을 담당하여 의학생을 교육했다. 30년 동안 산부인과 주임교수와 병원장을 역임하며 후진 양성에 힘쓴 그는 1934년 4월 한국 선교를 마치고 미국으로 돌아갔다. 말년은 에비슨이 있었던 플로리다주의 세인트피터스버그(St. Petersburg)에서 보내다가 1952년 88세를 일기로 영면했다. 그의 공적을 기리는 흉판이 세브란스 구내에 설치되었다.

---

1 허정, 『알렌과 제중원 의사들』(서울: 디자인나눔, 2012), 64-67.

와이트먼 리드
Wightman T. Reid

재직년 1908-1910
생몰년 미상
소 속 미남감리회

미남감리회 보고서(*1865 Minutes of the Annual Conferences of the Methodist Episcopal Church, South, for the Year 1865*)에 따르면, 미국 켄터키주 홉킨스빌 지구(Hopkinsville District)의 에디빌(Eddyville) 교구[1] 소속으로 1865년부터 1867년(혹은 1871년)까지 소속되어 있었다.[2]

1908년 북장로회 이외의 교파들이 세브란스병원 경영에 협력하게 되면서 한국의 남감리교파 소속으로 세브란스병원에 부임했고, 부임 초기에 기생충학 강의를 했다. 또한 1919년 3월에는 *The Korean Magazine*에 "The Purpose of Medical Mission"이라는 제목으로 글을 기고했다.

> 1 이 보고서는 https://place.asburyseminary.edu/mech southconfjournals/21/에서 확인할 수 있다.
> 2 Tom Prince, History of the Eddyville United Methodist Church(Louisville: Horsehead publishing, 1997), p.4.

엘라 버피

Ella B. Burpee

재직년 1908-1910
생몰년 미상
소 속 미북장로회

1908년 한국에 내한한 것으로 보인다. 1906년 남대문 세브란스병원 내에 세브란스 간호부양성소가 2명의 학생을 두고 개교했는데, 버피는 내한한 이후 이곳과 서울 지역 외국인 담당 지역간호사로 사역하면서 간호교육에 도움을 주었다.

더글라스 폴웰

E. Douglas Follwell

재직년 1908-1910
생몰년 미상
소 속 미북감리회
한국명 보월

미북감리회 소속으로 1895년 12월 내한했다. 내한 직후 서울에서 한국어를 공부한 뒤, 1896년 5월 평양에 부임하여 의료선교를 시작했다. 그보다 먼저 평양에 파견되어 있던 같은 교단의 선교의사 윌리엄 홀(William J. Hall, 1860-1894), 미북장로회 소속 선교의사 제임스 웰즈(James H. Wells, 1866-1938)와 함께 활동했다. 평양에 병원을 설립하고 있던 윌리엄 홀이 콜레라로 사망하자, 그 부인인 로제타 홀(Rosetta S. Hall, 1865-1951)과 함께 병원을 완공하고 '기홀병원'이라는 이름을 붙였다. 1897년 2월 개원한 이 병원에서는 폴웰과 로제타 홀이 남녀 환자들을 나누어 진료했다. 이후 내원 환자들이 증가하자 폴웰과 홀은 1915년 1월에 병원을 증축했다. 이와 더불어 그는 평양 이문동교회에서 주일학교 강의와 복음 전도에 참가했으며, 1914년에는 영변 지역에서 의료사업을 전개했다.

나아가 그는 조선 의료인력 양성에 힘을 기울였다. 1900년대 후반 조선에서 활동하던 의료선교사들 사이에 의학교육을 위한 교파 간 연합이 진행되었는데, 그 결과 1907년 9월 조선의료선교사회가 결성되었다. 이 가운데 폴웰은 1905년부터 1916년까지 보구녀관 간호원양성소에서 강의를 담당했으며, 1908년에는 영국성공회의 와이어(Hugh H. Weir), 미남감리회의 리드(Wightman T. Reid) 등과 함께 세브란스병원에 부임했다. 폴웰은 1910년까지 내과학을 가르치며 주로 호흡기·순환기에 관해 강의했다. 그는 1891년부터 조선에 선교사로 활동하던 메리 폴웰(Mary H. Follwell)과 1897년에 결혼했는데, 메리 또한 평양여자성경학교를 운영하며 조선인을 위한 교육활동을 전개했다. 이후 폴웰은 1920년 10월까지 선교사직을 사임하고 부산에서 개인적으로 활동했다.[1]

---

[1] Methodist Episcopal Church ed., "Minutes of the Korea Annual Conference" 6th-8th Session(Seoul: Methodist Episcopal Church, 1913-1915). 세브란스연합의학교 카탈로그에 "Part time 1908-1910 Fusan, Korea"로 기재된 것으로 보아, 부산 지역에서 사역하면서 세브란스에서 강의와 진료도 담당했던 것으로 보인다. *Catalogue Severance Union Medical College*(Seoul, 1925-1926), p.33.

휴 와이어
Hugh H. Weir

재직년 1908-1914
생몰년 미상
소 속 영국성공회

영국성공회 소속 의료선교사이다. 영국 의과대학에서 병리학을 전공했고, 런던의 성바톨로뮤병원의 외과의사로 일했다. 1904년에 제물포 성누가병원 의사로 부임했고, 그의 부인이 1905년 3월에 제물포에 도착하여 병원의 간호 업무를 담당했다.[1] 1908년에 세브란스병원에 부임하여 의과대학에서 병리학을 강의했고, 1914년에 영국으로 귀국했다. 우의사(禹醫師)로 불렸다.[2]

---

1 이재정, 『대한성공회백년사(1890-1990)』(서울: 대한성공회출판부, 1990), 52; 세실 허지스 외 지음, 안교성 옮김, 『영국성공회 선교사의 눈에 비친 한국인의 신앙과 풍속』(서울: 살림, 2011), 148-149.
2 *Catalogue Severance Union Medical College*(Seoul, 1925-1926), p.33.

앨빈 앤더슨
Albin Garfield Anderson

재직년 1912-1921
생몰년 1882-1971
소 속 미감리회
한국명 안도선(安道善)

미감리회 소속 의료선교사로, 1882년 미국 일리노이주에서 태어났다. 1904년 노스웨스턴대학교(Northwestern University)를 졸업했고, 1908년 알마메이터의학교(Alma Mater Medical School)에서 박사학위(M.D.)를 취득했다. 그 후 노스웨스턴대학교 의과대학에서 수련했다. 그리고 밀워키병원, 성프란시스병원 등에서 엑스레이 사용에 관해 전문적인 훈련을 받았다.

미감리회 본부에서 1911년에 한국으로 파송했고, 1912년 원주 지역 선교의사로 사역했다. 그는 미스웨덴감리교회 기부금 5,000달러로 1913년 11월 원주 서미감병원을 개원했는데, 이 병원은 중부권 최초의 서양의료기관으로서 원주세브란스병원의 전신이 되었다. 그는 원주 서미감병원에서 일하는 동안에 세브란스병원과 의과대학에서도 봉직했다. 1920년 8월에는 평양 연합기독병원(후에 기홀병원)으로 옮겨가 1938년까지 사역했다. 1940년에는 세브란스병원 이사를 역임했는데, 같은 해 일제에 의해 강제 귀국당했다.

미국으로 귀국한 후 바로 남로디지아(현 짐바브웨)에서 사역했고, 1946년부터 1960년까지는 베타니 감리회병원(Bethany Methodist Hospital)에서 일했다. 1971년 일리노이주에서 영면했다.

알프레드 러들로
Alfred Irving Ludlow

재직년 1912-1938
생몰년 1875-1961
소 속 미북장로회

1875년 오하이오주 클리블랜드에서 태어난 러들로는 아델버트대학(Adelbert College)을 수석 졸업하고, 웨스턴리저브대학(Western Reserve University, 현 Case Western Reserve University) 의과대학을 우수한 성적으로 졸업했다. 클리블랜드 레이크사이드병원 외과에서 인턴과 레지던트를 마친 그는 웨스턴리저브대학 의과대학에서 외과병리학 교수로 활동했다. 1907년 1월부터 1908년 5월까지 클리블랜드의 부호 루이스 세브란스(Louis H. Severance, 1838-1913)의 주치의로서 동아시아 여행을 했는데, 그 경험으로 한국 선교를 지원했다. 1912년 선교의사로 다시 한국을 찾은 그는 조선 첫 외과 전문의로 외과학교실의 책임자가 되어 세브란스병원 외과를 비약적으로 발전시켰다.

그는 1년에 1만 7,000명의 환자를 진료하고 500여 명을 수술했고, 1914년 세브란스병원에 첫 인턴제가 도입된 이후에는 한국 외과계를 이끈 고명우·이용설·고병간 등 거목들을 양성했다. 1914년 11월에 세브란스병원 내 연구부가 생겼는데, 그는 연구부의 첫 책임자로 임명되었고 연구부에서 발간하는 잡지에 여러 편의 논문을 게재하여 초창기 한국 의학의 발전에 기여했다. 그의 아메바성 간농양 수술은 간농양을 퇴치하는 세계적인 업적으로 인정받았다. 1938년 은퇴할 때까지 26년 동안 세브란스병원에서 교육·진료·연구에 매진했다.

그는 은퇴하기 1년 전 선교사 생활을 마감하면서 보고서를 작성했는데, 이 보고서에 따르면, 그가 15만 명의 한국인 환자를 진료했고, 2,000명이 넘는 사람들을 수술한 것으로 기록하고 있다. 또한 그는 한국인 제자들을 양성하는 데 물심양면으로 도움을 아끼지 않았는데, '러들로 장학컵'을 제정해 어려운 제자를 돕기도 했다. 1961년 11월 오하이오주에서 영면했다. 세브란스병원과 의과대학에서는 이러한 그의 업적을 기리기 위하여 2010년 러들로 교수동을 건립했다.[1]

---

1 이유복, 『알프레드 어빙 러들로의 생애: 동양 최고의 외과의사』(서울: 연세대학교 출판부, 2000); 여인석, 「세브란스의전 연구부의 의학연구 활동」, 『의사학』 13-2, (2004), 245-248.

휴 커렐
Hugh Currell

재직년 1912-1914
생몰년 1871-1943
소 속 호주장로회
한국명 거열휴(巨烈休)

1871년 아일랜드 북부 안트림(Antrim)에서 출생했다. 더블린(Dublin)의 퀸스벨파스트대학교(Queen's University of Balfast)와 트리니티대학(Trinity College)에서 수학하여 학위를 받았다. 그의 남동생 제임스 커렐과 함께 호주 빅토리아주로 이주하여, 키아브람(Kyabram), 루더글렌(Rutherglen), 켄싱턴(Kensington)에 큰 병원사무실(practice)을 세웠다.[1] 그는 호주 장로교에서 보낸 한국의 첫 의료선교사로, 한국에서 15년 동안 사역했다. 호주 선교부는 1902년 부산에서 시약소를 운영하면서 의료선교를 시작했는데, 커렐은 이 시약소를 담당했다.

1906년 호주 선교부는 의료선교가 전무하던 진주로 시약소를 옮겨 작은 선교병원을 설립했는데, 이 병원은 인도로 파견된 호주 선교사 페튼(한국명 배돈) 여사를 기념하기 위하여 배돈병원으로 명명되었다. 배돈병원은 모금을 통해 1913년에 50병상 규모의 새병원으로 거듭나면서 본격적인 의료선교를 실시했는데, 커렐은 이 사업에서 핵심적인 역할을 했다. 그는 1915년까지 배돈병원 원장직을 담당하면서 의료선교에 힘썼고, 세브란스에서는 1912년부터 1914년까지 내과, 산과학, 이비인후과 교육을 담당했다.

그의 부인인 루시 커렐(Lucy Ethel Anstee, 1881-1969, 부산 1902-1905, 진주 1905-1915)은 루더글렌 감리교회와 기독교면려회의 회원으로 1902년 초 커렐과 결혼했다. 둘 사이에는 두 딸 사라 커렐(Sarah Ethel Currell)과 프랜시스 커렐(Frances Currell)이 있었는데, 1913년 이후 중국 지푸에 있는 학교에서 수학했다. 커렐 부인은 여성들을 위한 주일학교를 운영했다.

---

1 Obituary-DR HUGH CURRELL, *The Argus* 15[th](March, 1943), p.4.

랄프 밀즈
Ralph G. Mills

재직년 1913-1916
생몰년 1884-1944
소 속 미북장로회

미북장로회의 의료선교사로, 1907년 노스웨스턴의과대학을 졸업한 후 이듬해인 1908년에 북장로교 선교사로 한국 땅을 밟았다. 서울에서 어학을 공부한 뒤 1909년 5월에 평안북도 강계로 파송되어 1911년까지 의료선교사로 많은 활동을 했다.

강계 지역의 질병 조사를 실시하여 배앓이의 원인이 기생충 때문임을 과학적으로 처음 규명했고, 세브란스연합의학교에서 본격적으로 연구했다. 그리고 1914년 11월 세브란스 연구부를 설립해 연구부장으로 재직했다. 이후 "식수 소독에 관한 연구(A simple method of water purification for intineration and household use)"를 시작으로, 한국 풍토병 연구, 한국인의 생리 및 식생활 연구, 전통의학과 식물학 연구 등 한국 사회가 당면한 문제를 주요 연구 과제로 삼았다. 세브란스 생리학교수이며 연구부의 반버스커크와 함께 한국 사회의 의학적 문제 및 다양한 연구활동을 통하여 세브란스의 자생적 연구풍토를 조성하는 데 기여했다.

그는 특히 한국 전통의학과 약재 등에 대한 관심이 많아 연구부에서 식물 표본과 약재 등을 수집했다. 1918년에 한국을 떠나 중국 베이징협화의과대학으로 갈 때 이 수집물을 가져갔고, 1924년에 중국을 떠나 미국으로 돌아가면서 베이징대학 생물학과에 자신이 수집한 식물과 약재 표본들을 기증했다.

바우만

N. H. Bowman

재직년 1913-1916
생몰년 미상
소 속 미남감리회

미남감리회 의료선교사이다.[1] 1909년부터 춘천 지역의 미국 감리교의료사업으로 지어진 병원에서 일했던 것으로 보인다. 세브란스에서는 1913-1916년까지 이비인후과 교수로 재직했다. 재직 당시 1915년 영국 왕립아세아학회(Royal Asiatic Society) 한국지부(Korea Branch)의 잡지, *Transaction of the Korea Branch of the Royal Asiatic Society* vol.5 no.2에 "The History of Korean Medicine"을 게재했다.

---

[1] 『내한선교사총람』 139쪽에는 미남감리회 소속으로, 『연세대학교 의과대학 내과학 교실사』(서울: 연세대학교 의과대학 내과학교실, 2015) 34쪽에는 미국 남부 침례회로 되어 있으나, 『내한선교사총람』에 근거하여 미남감리회 소속으로 표기했다.

제임스 반버스커크

James Dale Van Buskirk

재직년 1913-1933
생몰년 1881-1969
소 속 미북감리회
한국명 반복기(潘福基)

미북감리회의 의료선교사로, 1881년 미국 미주리주 캔사스시(Kansas City)에서 태어나 1906년 미주리주 캔자스시에 있는 유니버시티 메디컬 칼리지(University medical College)를 졸업하고, 의학박사학위를 받았다.[1] 그곳 시립병원에서 인턴을 수료했다.

의과대학 재학 중 선교회 간부로 해외선교에 관심을 가졌던 그는 1908년 미북감리회의 파송으로 한국 충남 공주에 도착하여 북감리회 선교병원장으로 근무하다가, 1909년 세브란스의학교가 교파연합에 의해 세브란스연합의학교로 변경되면서 북감리회의 대표로 세브란스에 파견되었다. 1913년 9월부터 그는 세브란스연합의학교의 교수이자 부속병원 의사로 재직하면서 주로 내과와 기초학 분야를 가르쳤다. 안식년 동안 미국에서 생리학과 생화학을 연구한 뒤에 돌아와 세브란스에서 이 과목들을 본격적으로 가르쳤다.

그는 한국어를 유창하게 구사했고, 학생교육뿐 아니라 연구활동도 활발히 전개했다. 1914년에는 밀즈(R. G. Mills), 러들로(A. I. Ludlow) 등과 함께 연구부를 창설하여 연구부 활동을 통해 연구 성과를 내는 한편, 다양한 저서 발간과 계몽운동 등에 적극적으로 참여했다. 특히 영아양육론에 많은 관심을 갖고, 과학적인 육아를 위해 주부가 숙지해야 할 출산·육아 상식을 정리한 『영아양육론』을 발행하기도 했다. 세브란스병원 부원장과 세브란스연합의학전문학교 부교장 등으로 활동하면서 에비슨 교장을 지척에서 보좌했다. 1933년 건강 악화로 김명선에게 생화학교실을 맡긴 뒤 미국으로 건너갔고, 1969년에 세상을 떠났다. 저서로는 *Korea, Land of the Dawn*(New York: Missionary Education Movement of the United States and Canada, 1931)이 있다.

---

1 반버스커크의 약력은 『건강생활』(조선예수교서회, 1929)의 저자소개에 실려 있다. 김성연, 「식민지 시기 기독교계의 의학 지식 형성: 세브란스 의전 교수 반 버스커크의 출판 활동을 중심으로」, 『동방학지』 171, (2015), 75.

아서 노튼
Arthur Holmes Norton

재직년 1913-1928
생몰년 1877-1958
소 속 미감리회
한국명 노돈(魯敦)

미감리회 소속 의료선교사로, 1898년 미시간대학교 (University of Michigan) 의대에 입학하여[1] 1904년에 졸업했다.[2] 1907년 내한하여 1928년까지 서울, 해주 등지에서 사역했다. 내한 이후 황해도 해주 지방에서 개척선교의사로 활동하면서, 1910년 11월 1일 의사 켄트가 기존에 운영하던 해주병원을 재건했다. 노튼은 거액의 자비를 투자하여 새 병원을 신축했고, 노튼의 모친 생일인 1913년 10월 10일에 봉헌식을 올려 미감리회 최초의 근대식 병원인 노튼기념병원을 세웠다. 사람들은 이를 구세병원으로 불렀고, 그의 노력으로 이 병원은 황해도 의료선교에서 핵심적인 역할을 수행하게 되었다.

1913년부터 1916년까지 세브란스의학전문학교의 안과학 교실의 교수, 1917년에는 세브란스의학전문학교 이사, 그리고 1922년에 세브란스 안과학교실 교수로 재부임했다.³ 1928년 건강 악화로 미국으로 귀국했고, 1958년 9월 오레곤 주에서 영면했다. 미네트(Minnette Louise Schnittker)와 결혼했고, 2명의 자식을 두었다.

---

1 미시간대학교에서 출판한 *Michiganensian*(1903)에는 아서 노튼의 미시간대학교 입학년도 및 약력이 다음과 같이 소개되어 있다. Arthur Holmes Norton, Ann Arbor. Entered University in fall of '98. President Junior Homeopath Class('04), Recording Secretary University Y.M.C.A., Corresponding Secretary of Hahnemanian Society.
2 *Proceedings of the Board of Regents*라는 미시간대학교(앤아버) 리젠트룸에서 개최된 이사회 기록을 모아둔 책에는 1903년 6월 모임에서 노튼(Arthur Holmes Norton)이 문리대학(Department of Literature, Science, and the Arts)의 학사학위 후보자(Candidates for degrees)로 이름이 올라가 있고, 1904년 6월 모임 기록에서는 동종요법의학교(homeopathic medical college)의 의학박사(doctors of medicine) 후보자로 이름이 올라가 있다. University of Michigan, *Proceedings of the Board of Regents*(Ann Arbor: The University of Michigan, 1903), p.195, 363.
3 『내한선교사총람』 376쪽에 1922년 세브란스로 부임한 것으로 되어 있으나, 1913-1916년도에 이미 세브란스에서 활동한 기록이 있다.

찰스 맥라렌

Charles I. McLaren

재직년 1913-1938
생몰년 1882-1957
소 속 호주장로회
한국명 마라연(馬羅連)

호주장로회 출신 의료선교사이며, 한국에 온 첫 번째 서구 정신과 의사이다.

1882년 도쿄 쓰키지(築地)에서 태어나 1902년 호주 멜버른대학교(University of Melbourne) 의대에 진학했고, 1910년 신경정신과학으로 박사학위를 받았다. 1911년 부산을 통해 다시 한국으로 돌아왔고, 진주 지역 의료선교를 주도하면서 배돈병원에서 본격적인 활동을 시작했다. 이후 1913년 세브란스연합의학교가 각 교파로부터 교육 지원을 받게 되면서 세브란스와의 첫 인연을 맺었다.

그는 한국에 내한한 이후 배돈병원에서 진료하고, 1915년부터는 배돈병원의 2대 원장직을 맡았으나, 동시에 호주장로교를 대표하여 세브란스연합의학교에 출강하기도 했다. 그는 1913년부터 매년 일정 기간 세브란스연합의학교에 와서 정신의학을 강의를 병행했다. 1923년부터는 에비슨의 요청으로 세브란스연합의학전문학교 신경정신과를 창설하고 교수직을 맡았다. 또한 1928년에는 최신 지식을 공부하기 위해 오스트리아 비엔나로 유학을 떠나기도 했다.

그는 한국 최초의 서구 신경정신과 전문의로, 기독교 사상에 근거하여 정신치료를 행하면서 인도주의적으로 환자를 진료했다. 그의 주요 의료선교사상은 "질병 치유는 곧 영혼 구원이다"였다.

이후 세브란스 신경외과를 맡은 이중철과 같은 한국인 후계자를 양성하여 신경정신과의 중흥을 이끌었고, 1930년에는 독립된 10여 병상의 정신병동을 건축하여 정신질환자의 인도적 처우에 대한 소망도 실현했다. 그 외에 성윤리와 노동과 관련된 사회계몽활동을 하기도 했다.

1930년대 중반 기독교계 내에서 신사참배에 대해 갈등이 빚어졌는데, 그는 신사참배를 거부하여 1938년 10월 교수직을 사임하고 세브란스를 떠날 수밖에 없었다. 이후 진주 배돈병원으로 돌아갔으나 신사참배 거부운동으로 진주경찰서에 구금되었고, 1942년 호주로 추방되었다. 구금된 기간에 대한 경험을 바탕으로 『일본 감옥에서의 11주(Eleven Weeks in a Japanese Police Cell)』(Melbourne: Foreign Mission

Committee, Presbyterian Church of Victoria, 1942)를 저술하기도 했다. 이후 해외선교활동 지원과 저술, 강연활동에 전념하다가 1957년 자택에서 세상을 떠났다.1

---

1 민성길, 「맥라렌 교수(1): 그의 생애와 의학철학」, 『신경정신의학』 50-3, (2011), 172-186; 여인석, 「세브란스 정신과의 설립과정과 인도주의적 치료전통의 형성: 맥라렌과 이중철의 활동을 중심으로」, 『의사학』 17-1, (2008), 57-74.

윌리엄 셰플리
William J. Scheifley

재직년 1915-1920
생몰년 1892-1958
소 속 미북장로회

1892년 미국 펜실베이니아주에서 태어났고, 연합복음교회 목사인 아버지와 가족의 영향으로 기독교신앙 속에서 성장했다. 성가단원으로 활동하기도 했으며, 필라델피아 중앙고등학교 시절 학생자원활동과 면려청년회에 참석하기도 했다. 고등학교 2학년 때부터 해외선교사로 활동하는 사람들과 접촉하면서 해외선교에 대한 소망을 키우던 셰플리는 필라델피아 치과대학에 입학했고, 치과대학생 때도 금주위원회의장, 면려청년회의 회장을 맡아 활동했다. 1913년 최우수학생으로 치과대학을 졸업한 그는 바로 해리스버그(Harrisburg)에 개원했으나, 장로회의 치과 선교를 위한 파송정책에 적극적으로 본부에 연락을 취하면서 치과 의료선교에 대한 열망을 품었다.

1914년 안식년을 맞은 에비슨 부부는 셰플리의 치과를 방문했고, 이를 계기로 1915년 8월 그가 내한하여 세브란스연합의학교에 부임하게 되었다. 그가 치과대학 교수로 부임하면서 세브란스연합의학교에는 한국 최초로 치과학교실이 설립되었고, 그는 세브란스병원 치과와 치과학교실 초대 과장으로 임명되었다. 그는 미국식 치과학과 진료기술을 한국에 소개했고, 의대 4학년 학생들을 대상으로 치과학교육도 병행했다. 주로 치과병리, 치주질환, 발치 등을 강의했다. 1917년에는 치과방사선기계를 도입하고, 이듬해 치과 치료대 4대를 확보했다. 이후 진료 영역을 점차 구강외과수술, 보철치료, 교정치료 등으로 확대해갔고, 한국인의 구강보건 상태에 대한 연구를 병행했다. 1920년 건강악화로 선교사직을 사임하고, 미국 펜실베이니아주 해리스버그로 돌아가서 개업의로 활동하다가 1958년 영면했다.[1]

---

1 이주연, 「미국선교치과의사 셰플리와 세브란스연합의학교 치과학교실 개설의 역사적 의의」, 『대한치과의사협회지』 53-11, (2015), 870-885.

케이틀린 에스텝

Kathlyn M. Esteb

재직년 1915-1922
생몰년 1880-1960
소 속 미북장로회
한국명 예사탑(芮思塔)

케이틀린 에스텝은 1880년 미국 미주리주 킹스턴(Kingston)에서 태어났다. 그녀는 시카고성경학교(Chicago Bible Training School)를 졸업하고 애스베리병원(Asbury Hospital)에서 1903년까지 수련을 받은 뒤, 제너럴메모리얼병원(General Memorial Hospital)에서 1906년에 수련을 마치고, 1907년 간호사 자격을 취득했다.

1915년 미북장로회 소속으로 조선에 파견된 에스텝은 내한 직후부터 세브란스병원에서 근무했으며, 포사이드(Helen Forsyth)의 뒤를 이어 1918년부터 세브란스병원 간호부양성소 소장을 맡았다. 이후 그녀는 1922년에 청주 선교부로 이속되어, 소민의원(蘇民醫院, 영문명 Duncan Memorial Hospital)을 운영했다. 에스텝이 부임했을 당시 소민의원은 의사가 없는 상태였다. 원래 근무하던 의사가 1918년에 떠난 후 새로운 의사가 부임하지 않았기 때문이었다.

이런 상태는 1929년 의사인 드위트 로우(DeWitt S. Lowe)가 부임할 때까지 계속되었다. 이 기간에 에스텝은 임시로 고용된 의사 김영철과 함께 순회진료를 다니고 간단한 약물을 처방하면서 병원을 운영했다. 나아가 그녀는 많은 조선인들이 모이는 장날에 임시진료소를 열어서 진료와 포교의 기회를 적극적으로 만들었고, 영어로 된 간호학 교재들을 한글로 번역하여 간호교육에 이바지하기도 했다. 로우가 부임한 뒤에는 그와 협력하여 소민의원의 의료선교사업을 크게 확대했다. 단적으로 1930년대 후반 소민의원의 환자 수는 연간 5,000여 명에서 8,000여 명으로 늘었고, 1936년 한 해 동안에만 병원을 통해 배포된 포교지가 5,500매에 달했다. 그뿐만 아니라 로우와 에스텝은 1937년 청주에 홍수가 일어나자 소민의원을 주민들의 피난처로 제공하는 등 지역사회의 문제 해결에 많은 관심을 쏟았다.

이처럼 청주를 중심으로 활동하던 에스텝은 1939년에 지방을 순회하며 전도했다. 그러나 1940년 안식년을 보내기 위해 미국으로 돌아갔다가 태평양전쟁이 발발하면서 조선에 돌아오지 못했다. 귀국 후 에스텝은 1943년부터 1945년까지 뉴욕주 쿠퍼스타운(Coopers town)에 있는 클라라 웰시 홈

(Clara Welsh Home)에서 근무했고, 1945년 장로회 해외선교부(Board of Foreign missions of the Presbyterian Church)에서 은퇴했다. 이후 그녀는 조카와 함께 살며 여생을 보내다가 오랜 투병 끝에 1960년 캘리포니아주에서 사망했다.[1]

---

[1] L. M. Smith, "Korean Nurse-Then and Now," *Korea Mission Field*, 36-3, (1940. 3), pp. 93-94; 이정열·조윤희·고지숙·김정애, 「연세간호를 태동시킨 외국 선교사들」, 『한국간호교육학회지』 17-10, (2011), 44-51; "United Presbyterian Church in the U.S.A. Commission on Ecumenical Mission and Relations Secretaries' Files: Korea Mission," Pearl Digital Collections, https://digital.history.pcusa.org/islandora/object/islandora%3A46746(검색일: 2018. 2. 28.).

토마스 다니엘

Thomas Henry Daniel

재직년 1916-1918
생몰년 미상
소 속 미남장로회
한국명 단의열

미남장로회 소속 의료선교사이다. 그에 관해 알려진 사실은 많지 않으나, 1904년에 내한하여 1918년까지 사역한 것으로 보인다. 귀국하기 직전인 1916-1918년에는 세브란스 내과학 교실에 재직했고, 군산·전주·서울 등에서 활동했다.

로이 리딩엄

Roy Samuel Leadingham

재직년 1917-1918
생몰년 미상
소 속 미남장로회
한국명 한삼열(韓三悅)

1912년 미남장로회 소속 선교사로 내한했다. 부인과 함께 조선에 온 직후 목포로 파견되어 목포진료소에서 환자를 돌보며 포교했다. 1914년 화재로 진료소가 소실되자 미국인 독지가 프렌치(French)의 기부와 미주리주에 있는 성요셉교회의 모금을 통해 프렌치기념병원을 건립했다. 이후 11년간 목포를 중심으로 선교활동과 의료활동을 전개하다가 1923년에 귀국했다. 그 사이 리딩엄은 1917년부터 1918년까지 세브란스연합의학전문학교에서 내과학 강의를 맡았다.

쿡

E. D. Cook

재직년 1917-1918
생몰년 미상
소 속 미남장로회

1917년 4월 미남장로회 소속 선교사로 내한했다. 세브란스연합의학전문학교 약리학교실 교수로 부임하여 이듬해까지 근무했다. 이력에 Ph.D로 되어 있어 약학 전공자로 추정된다.[1]

1 『セブランス聯合醫學專門學校一覽』(1931), 53.

프랭크 스타이츠
Frank M. Stites

재직년 1918-1923
생몰년 미상
소 속 미남감리회

미국에서 태어나 의학교육을 받고 내과를 전공했다. 1917년 미남감리회 선교사로 부인과 함께 내한했다. 1918년 세브란스연합의학전문학교에 내과 과장이자 교수로 임용되었다. 주로 호흡기학을 가르치던 그는 당시 조선에 만연한 결핵에 깊은 관심을 가지고 있었으며, 세브란스병원 결핵병사 건립을 제안하면서 600원을 기부했다. 1920년 3월에 개원한 이 결핵병사는 환자를 격리 수용하도록 지어졌으며, 이 병원의 첫 환자는 세브란스의전 출신의 독립운동가 배동석(裵東奭, 1891-1921)이었다. 1923년까지 조선에서 활동한 스타이츠는 안식년을 보내기 위해 잠시 귀국하여 미국에 머무르던 중, 1925년 3월 부인이 복막염으로 사망하자 해외 선교활동을 중단하고 조선에 돌아오지 않았다.

허버트 오웬스

Herbert T. Owens

재직년 1918-1933
생몰년 1882-1958
소 속 미북장로회

1882년 캐나다 퀘벡주 몬트리올(Montreal)에서 태어나 그곳 YMCA가 운영하는 야간학교를 졸업하고 퀸스칼리지(Queens College)에 진학했다. 이후 캐나다 하원 서기관으로 일하다가, 1918년 9월에 북장로회 소속 선교사로 파송되었다. 내한 직후부터 서울 선교부에서 세브란스연합의학전문학교와 세브란스병원 사무장 겸 회계로 근무했고, 영어 강사를 맡기도 했으며, 숭실전문학교의 회계로도 일했다. 1933년 선교사직에서 은퇴하여 귀국했다. 1958년 11월 27일 퀘벡주에서 사망했다.[1]

---

1 세브란스연합의학전문학교교우회 편, 「창립초대구직원」, 『校友會員住所及名簿』(서울: 世富蘭偲聯合醫學專門學校校友會, 1934), 14.

토마스 맨스필드
Thomas D. Mansfield

재직년 1920-1926
생몰년 미상
소 속 캐나다장로회

토마스 맨스필드가 한국에 선교사로 파견된 연도는 확실하지 않으나, 1910년 토론토를 중심으로 하는 캐나다장로교 해외선교위원회(FMC)의 서부지부에서 처음으로 파송한 선교사로 한국에 부임한 것으로 보인다. 1920년에서 1926년까지 세브란스연합의학전문학교의 해부학교실을 담당했고, 1921년에는 세브란스병원의 부원장(Asst. Supt. of Hospital)을 역임했다. 1923년 당시에는 해부학 이외에 조직학도 교수했고, 1926년까지 봉직했다. 그는 한국에서 오랫동안 봉사했기 때문에 한국어에 매우 능통하여 한국어로 연설을 할 정도였다.

그는 세브란스로 부임한 시기를 전후하여 3·1운동과 한국인의 독립운동을 적극 옹호했다. 1919년 캐나다장로교 선교사들은 3·1운동 가담자들에 대한 일본군의 만행규탄서를 하세가와 요시미치(長谷川好道) 총독에게 보냈는데, 이때 맨스필드는 선교단 간사로 선교단을 대표하여 서명을 한 후 항의서명을 보낸 기록이 있다. 세브란스로 부임한 뒤 1920년 12월에는 캐나다 선교사 대표로서 브루엔과 함께 일본군의 학살에 대해 일본군과 회견을 벌이기도 했다.[1]

그는 1926년 세브란스를 떠나 캐나다로 돌아갔다. 그를 대신하여 만주(북간도) 제창병원에서 일하던 마틴이 1927년 4월에 서울로 파견되어 세브란스로 부임했다. 마틴은 맨스필드가 지은 사택에서 거주했다. 그는 캐나다로 돌아간 이후 미국에서도 활동했다. 1926년에는 스탠다드 오일 컴퍼니의 의원을 역임하여 그곳의 한국인들이 환영회를 개최하기도 했다. 그리고 1929년 남감리교 교회 설립행사에 맨스필드 부부가 참가했는데, 그곳에 모인 사람들은 경성과 함흥에서의 선교활동을 높이 치하했다.

현재 충정로2가에 맨스필드의 사택이 남아 있다. 1910년 맨스필드 부부가 매입했고, 캐나다 연합교회 해외선교단이 사용하다가 한국전쟁 이후 진료소로 사용되기도 했다. 1975년까지 캐나다장로교회 선교사의 사택으로 이용되었다.

---

1 「3·1운동 가담자들에 대한 일본군의 만행 규탄서」(1919년 7월 10일), 독립기념관 한국독립운동정보시스템.

아치볼트 플레처
Archibald Grey Fletcher

재직년 1920-미상
생몰년 1882-1970
소 속 미북장로회

미북장로회 소속 의료선교사이다. 1882년 8월 16일 캐나다 온타리오주에서 태어났고, 토론토에 있는 영미직업대학(British-American Business College)을 졸업한 뒤에 미국 아이오와주 수(Sioux)와 일리노이주 시카고(Chicago)에 있는 의과대학에서 의학을 배웠다. 1905년 우수한 성적으로 의대를 졸업한 뒤 2년간 네브래스카주 오차드(Orchard)에서 개인병원을 운영했고, 1907년 7월 해외 선교사로 나가기로 결심했다. 선교와 함께 의료를 보급하기로 마음먹은 그는 아이오와주 수(秀) 시립 사마리탄병원에서 1년 이상 무급으로 수련의사로 근무하며 의술을 연마했다. 그리고 1908년 12월 한국 선교지부에 발령받았다.

안동과 대구를 중심으로 활동했고, 1909-1942년, 1946-

1952년에 한국에 거주하면서 40년 이상을 한국에서 사역했다. 대구 제중원 초대 원장 우드브릿지 존슨이 1910년 가을 건강 문제로 사임한 후 대구 제중원 2대 원장으로 취임했다. 또한 미국 북장로교가 1909년 부산에 세운 첫 나병원을 관리했고, 1911-1912년에는 대구에 있는 병원에서 일하고 있다가 1913년(혹은 1914년)에는 세 번째 나병원인 대구 애락원을 설립·관리했다.

1920년에 에비슨 박사는 세브란스병원에 나병학과와 결핵학과를 설치하고, 닥터 플레처를 책임자로 임명하는 이른바 플레처 계획(1919-1921)을 진행했다.1 한센병 전문병원의 설립은 식민 당국의 거절로 좌절되었지만, 결핵 환자를 위한 결핵병사 건립은 결실을 보았다. 그는 해방 이후 다시 서울로 와서 세브란스병원 이사로 병원복구사업에 참여했다.

한국 사역 중 부인 제시(Jessie Rodgers Fletcher)와의 사이에서 태어난 그의 아들인 플레처 주니어 역시 의술(외과)을 배워 인도·네팔·카메룬 등지에서 의료사역을 한 인물로 유명하다.

---

1 이선호, 「올리버 알 에비슨(Oliver R. Avison)의 플레처 계획에 대한 연구」, 『한국기독교신학논총』 77-1, (2011), 29-52.

에드나 로렌스

Edna M. Lawrence

재직년 1920-1940
생몰년 1894-1973
소 속 미북장로회
한국명 노연사(盧連史)

캐나다 매니토바주 위니펙(Winnipeg)에서 태어났다. 가족들이 미국 캘리포니아주 온타리오로 이주해 그곳에서 자랐고, 1917년 7월 인근 포모나밸리병원간호학교를 졸업했다. 그 후 그녀는 적십자병원에 취직했는데, 이듬해 6월 육군병원에 배속되어 제1차 세계대전 말미에는 프랑스에서 적십자사 간호사로 활동한 이력이 있다.

로렌스는 미북장로회에 간호선교사로 지원하여 1920년 9월 13일 내한했다. 내한 초기부터 세브란스병원에서 간호사로 일했고, 1923년부터는 세브란스 간호부양성소의 제1대 소장인 쉴즈에 이어 11년 동안 제2대 소장으로 활동했다. 1923년 간호부양성소에 관한 글을 *The American Journal of Nursing*에 게재하였고,[1] 미션계 중고등학교를 졸업한 우수한 인재들을 공중보건사업과 사회봉사에 진출하도록 교과과정을 개편하고 교수진을 확보하는 노력을 하여 간호부양성소를 졸업한 인물들이 적극적으로 활동할 수 있는 발판을 마련해주었다. 또한 조선간호부회라는 한국 최초의 간호사단체를 만들기도 했다. 이는 간호직의 권익 옹호와 자질 향상, 국제적 연대, 교육개혁, 대중교육 등을 목표로 했다.

그녀는 한국에서 간호사교육과 간호사의 권익 향상을 위해 활발한 활동을 벌였지만 1940년 신사참배와 전시 동원에 방해가 되는 선교사들을 대거 추방하는 과정에서 치안유지법 위반으로 구속되었고, 이후 미국으로 강제추방되었다. 1947년 다시 한국을 찾았는데, 그때는 대구 동산병원에서 근무했고, 1948년에는 간호과장을 역임했다. 1949-1952년 사이에는 눈에 이상이 생겨 귀국했다가 다시 돌아와 환자 치료에 헌신적으로 임했다. 1953년 은퇴한 뒤 미국으로 귀국했고, 1973년 미국 LA에서 80세를 일기로 세상을 떠났다.

---

1 Lawrence, Edna, Chirstmas, 1922, In Severance Hospital Training School, *The American Journal of Nursing*, Vol.24 No.3., December 1923, 222. http://journals.lww.com/ajnonline/Citation/1923/12000/CHRISTMAS,_1922,_IN_SEVERANCE_HOSPITAL_TRAINING.30.aspx

브러프

W. C. Bruff

재직년 1921-1923
생몰년 미상
소 속 미남장로회

미남장로회 소속의 선교사로 1921년부터 1923년까지 세브란스병원 병리학교실 교수로 근무했으며, 1923년에는 미생물학 강의도 담당했다.

올리버 맬컴슨

Oliver K. Malcolmson

재직년 1921-1922
생몰년 미상
소 속 미북장로회

1921년 9월 미북장로회 선교사로 부인과 함께 조선에 왔다. 내한과 동시에 세브란스병원에 부임하여 병리학교실 교수로 1922년까지 근무했다. 이후 잠시 청주에서 소민의원(蘇民醫院, 영문명은 Duncan Hospital) 설립에 힘쓰다가, 1923년 평양 연합기독병원으로 전임했고 1925년 8월 귀국했다.[1]

---

1 "근대질병의료연표-덩컨병원," 한국사데이터베이스, http://db.history.go.kr/item/front.do?levelId=ch_003&frontTitle=%ED%95%B4%EC%84%A4%EB%AA%A9%EB%A1%9D&elName=commentary&elType=%ED%95%B4%EC%84%A4%EB%AA%A9%EB%A1%9D(검색일: 2018. 2. 26.).

윌리엄 케이트
William Robert Cate

재직년 1921-1926
생몰년 1893-1973
소 속 미남감리회
한국명 계이덕(桂以德)

1893년 12월 7일 미국 켄터키주에서 태어났다. 1920년 에모리 대학교(Emory University) 의과대학을 졸업하고 의사가 되었다. 미남감리회 소속 선교사로 1921년 내한하여 개성 남성병원(Ivy Hospital)에서 임시 근무하다가 세브란스 내과에 부임했다. 1923년에는 내과과장을 맡았으며, 세브란스에는 1926년까지 머물렀다. 1926년 4월 안식년을 맞아 메이요클리닉(Mayo Clinic)에서 수련하기 위해 출국했으나, 부친의 갑작스러운 사망으로 동생들을 부양하게 되면서 한국으로 다시 돌아오지 못한 채 미국에 남게 되었다.

테네시주의 내슈빌(Nashville)에서 개업했다가 이후 밴더빌트대학교(Vanderbilt University) 의과대학 교수가 되었고, 특히 심장내과 분야의 전문가가 되었다. 1963년 은퇴한 이후로도 임상의학 명예교수로 재직하면서 밴더빌트대학 부속 병원에서 심장 클리닉을 설립하는 데 기여했다. 1973년 1월 16일 별세했다. 1925년 *Korea Mission Field*에 "Medical Work in Severance Hospital and Clinic"을 투고하여 1920년대 세브란스의 상황에 대해 상세한 증언을 남긴 바 있다.[1]

---

1 허정, 『알렌과 제중원 의사들』(서울: 디자인나눔, 2012), 88-89; "William Robert Cate Biographical File," https://www.library.vanderbilt.edu/biomedical/sc_diglib/archColl/411.html(검색일: 2018. 2. 26.); W. R. Cate, "Medical Work in Severance Hospital and Clinic," *Korea Mission Field*, 21-10, (1925).

존 맥안리스
John Albert McAnlis

재직년 1921-1941
생몰년 1897-1979
소 속 불명

미국 노스웨스턴대학교 치과대학을 졸업했고, 미군 치과진료소인 루이스 캠프에서 5달 동안 견습했다. 1920년 한국에서 선교활동을 시작했고, 1921년에는 캔자스주 웰링턴(Wellington)에서 개인 치과를 열기도 했다. 1921년 부인 플로렌스(Florence, 1896-1967), 아들 도널드와 함께 한국에 왔는데, 이때부터 본격적인 한국 의료선교를 시작했다고 할 수 있다. 1921년부터 1941년까지 세브란스연합의학전문학교 치과학교실에서 근무했고, 1939년에는 제3대 치과과장을 역임했다.

1941년 신사참배를 거부해 일제에 의해 추방 조치를 받고, 일본 경찰들에게 스파이로 몰려 필리핀 선교부로 자리를 옮겼다. 1940년 11월 그는 부인(플로렌스 맥안리스, Florence

Guthrie McAnlis, ?-?)과 자녀들만 미리 미국으로 피신시켰고, 그는 39개월(1941-1945) 동안 필리핀 마닐라의 산토토마스대학교(University of Santo Tomas) 민간인 포로수용소에서 생활했고, 전쟁포로 상태로 있으면서 『마닐라에서의 전쟁일지(War Days in Manila, 1941-1945)』를 작성하여 전쟁하의 포로들의 생활과 의료치료 상황을 기록으로 남기기도 했다.

존 부츠

John Leslie Boots

재직년 1921-1939
생몰년 1894-1983
소 속 불명

펜실베이니아주립대학(The Pennsylvania State College, 1915-1918)과 피츠버그대학교(Pittsburgh University) 치과대학(1919-1921)을 졸업한 존 부츠는 피츠버그대학교와 노스웨스턴대학교에서 수련을 거쳐 1928년에는 M.S.와 F.A.C.D. 학위를 취득했다. 1921년 2월 내한하여 쉐플리의 뒤를 이어 제2대 과장으로 세브란스 치과학교실을 운영하면서 치과학교실 교수와 치과진료소장을 담당했고 1939년까지 재직했다. 1925년 안식년으로 미국에 일시 귀국한 그는 각지 치과의사회를 순방하며 세브란스병원 치과진료소 신축기금을 직접 모금하는 데 힘써, 1931년 미국 치과의사협회와 피츠버그 치과학교실 등의 후원으로 1931년 10월 세브란스의전 본관 뒤편에 치과학교실 및 치과진료소가 개원하는 데 큰 역할을 담당했다.

    그 후 베이징협회의학원 치과학부에서 1941년까지 근무하다가, 1941년 중국에서 축출되면서 마닐라 포로수용소에 수용되었다. 1942년 상하이 외국인 수용소를 거쳐 1943년 미국으로 귀국했고, 1943-1952년까지 패서디나(Pasadena), 1952-1962년에는 샌디에이고(San Diego)에서 개인 치과를 열었다. 1970년부터는 피츠버그대학교 치과대학에서 근무하기도 했다. 1932년 *Korea Branch of The Royal Asiatic Society*에 'Korean Weapons & Armor'라는 글을 내기도 했다.

플로렌스 맥안리스

Florence Guthrie McAnlis

재직년 1921-1930년대
생몰년 미상
소 속 미북장로회

간호사 출신인 플로렌스는 1921년부터 1927년까지 사립 세브란스연합의학전문학교 부속병원 간호부양성소(1924년부터는 세브란스연합의학전문학교 부속병원 산파간호부양성소로 개칭)에서 교육과 훈련을 담당했고, 한국간호졸업생연합회 비서, 세브란스 직원 사택 친목위원회 회장 등을 역임했다. 1940년 11월 일제가 선교사를 추방하는 과정에서 자녀들과 함께 미국으로 귀국했다.

클라렌스 홉커크

Clarence C. Hopkirk

재직년 1921-1922
생몰년 1885-1954
소 속 미북장로회

1885년 미국에서 태어났다. 노스웨스턴대학(Northwestern University) 의과대학을 1910년에 졸업했다. 미북장로회 소속 선교사로 1921년 내한하여 세브란스연합의전의 교수가 되었으며, 1922년까지 한국에 머물렀다. 세브란스에서 방사선 장비와 관련된 일은 처음에는 2회 졸업생인 강문집이 담당했으나 그가 1921년 폐렴으로 요절하면서 에비슨의 요청에 따라 홉커크가 세브란스에서 방사선과 일을 맡게 되었다. 세브란스에서는 방사선과와 외과에서 활동했고, 초대 방사선과 과장을 맡았다.

1924년 미국으로 돌아간 이후에는 캘리포니아주 산타모니카(Santa Monica)와 비벌리힐스(Beverly Hills)에서 연구하며 LA의 유명한 아동병원인 매리언 데이비스 클리닉

(Marion Davies Clinic, 현재 Marion Davies Children's Center at UCLA)에서 근무했다. 1954년 7월 4일 69세의 일기로 산타모니카에서 영면했다. 1922년 *The Korea Mission Field*에 기고한 "X-ray Service in Korea"는 한국 근대 초기의 방사선과에 대해 증언해주는 중요한 자료이다. 저서로 『공창의 해독』(조선야소교서회, 1925)이 있다.[1]

---

1 *Calif Med*, 1954 Sep, 81-3, p.245; "Prominent in February's Population," *Northwestern University Alumni News*(March, 1941), p.10; 유형식, 「한국 방사선의학 발전사(1910-1945)」, 『대한영상의학회지』 71-6, (2014), 270.
유형식, 「한국 방사선의학 발전사(1910-1945)」, 270쪽에는 홉커크가 1924년까지 한국에 머무른 것으로 되어 있으나, 『의학백년』에는 한국에 머무른 시기가 1921-1922년으로 되어 있다. 홉커크는 1923년 일본의 관동대지진을 겪었다고 회고한 바 있으며, 그 직후 일본을 떠나 미국으로 귀국한 것으로 기억하고 있다("Prominent in February's Population," p.10). 이로 미루어볼 때 한국을 떠난 시기는 1923년 9월 이전으로 보인다.

마벨 영

Mabel B. Young

재직년 1922-1935
생몰년 1883-1935
소 속 캐나다장로회

미국 펜실베이니아주 스프링필드에서 출생했다. 1906년 펜실베이니아의 세인트루크병원(St Luke's Hospital) 간호학교를 졸업하고, 1919년 11월 캐나다연합교회 선교사로 내한했다. 원산에서 한국어를 공부했고, 원산 구세병원에서 간호원으로 근무하다가 1922년부터 세브란스병원으로 옮겨 1935년 간호부장으로 일했다. 1935년 11월 7일 독감에 걸려 사망했다.

테일러
J. E. Rex Taylor

재직년 1922-1926
생몰년 미상
소 속 미북장로회

미북장로회 소속의 선교사로, 1922년부터 1926년까지 세브란스병원 약리학교실에서 약제사로 근무했다.[1]

---

1 『내한선교사총람』, 472쪽에는 J. E. R. Taylor라고 나오며 세브란스병원 약제사라고 기재되어 있다. 『세브란스동창회명부』에도 같은 이름이지만 약리학교실 교수로 1922년부터 1926년까지 근무했다고 나와 있다. 황상익·기창덕, 「조선말과 일제강점기동안 내한한 서양선교의료인의 활동 분석」, 『의사학』 1-1, 11쪽에는 약사라고 기록되어 있다. 하지만 연세대학교 의과대학 의학백년편찬위원회, 『의학백년』(서울: 연세대학교출판부, 1986), 377-380쪽에는 G. L. R. Talyor라고 적혀 있으며, 근속기간 또한 1919년부터 1923년까지로 여타 기록들과 다르다.

더글러스 에비슨
Douglas Bray Avison

재직년 1923-1940
생몰년 1893-1952
소 속 미북장로회

세브란스병원과 한국의 의학 발전에 큰 역할을 한 의료선교사 올리버 에비슨(Oliver R. Avison, 1860-1956)의 아들로, 1893년 7월 22일 부산에서 태어났다. 1920년 캐나다 토론토 대학 의학부를 졸업하고, 미북장로회 소속 선교사로 내한했다. 내한 직후부터 1923년까지 선천 지방에서 활동하다가, 서울 선교부로 전임하여 세브란스연합의학전문학교 교수로 부임했다. 이때부터 세브란스의전에서 소아과학교실이 독립된 학과로서 운영되기 시작했는데, 초대 과장으로 임명되었다. 그는 이듬해에 미국 유학을 마치고 귀국한 구영숙(具永淑, 1892-1976)에게 과장직을 위임했고, 1929년 7월부터 1935년까지 세브란스병원 병원장을 역임했으며, 1934년부터 1939년까지 다시 소아과장으로 근무했다.

재임 기간 에비슨은 조선에서 널리 유행하던 질병 중 하나인 말라리아에 관하여 연구했고, 구영숙과 공동으로 말라리아 치료법에 대해 연구한 결과를 *China Medical Journal*에 발표하기도 했다. 그는 1940년 조선을 떠나 캐나다로 돌아갔으며, 1952년 8월 4일 밴쿠버에서 사망했다. 그의 시신은 유언에 따라 서울로 옮겨져, 양화진의 외국인 선교 묘원에 묻혔다.

노먼 파운드
Norman Found

재직년 1927-1935
생몰년 미상-1971
소 속 미북감리회
한국명 방은두(方恩斗)

캐나다 온타리오주에서 태어나 토론토대학에서 의학을 공부하고 1919년에 졸업했다. 후일 세브란스연합의전의 동료 교수가 되는 더글러스 에비슨(Douglas Bray Avison, 1893-1954)과 대학 동기이다. 1921년 12월 미북감리회 소속으로 선교를 위해 간호사인 부인과 함께 내한했다. 내한 후 충청남도 공주 선교부에 배속되어 5년 동안 선교병원(공제병원의 전신)에서 봉직했으며, 다른 지방을 순회하며 진료하기도 했다. 1927년에 세브란스연합의학전문학교 교원으로 임명되었다. 임명 초기에는 병리학교실에서 조교수로 활동하다가, 1931년 무렵 내과학교실로 소속을 옮겼다. 그가 주로 강의한 과목은 진단학이었다.

    1931년 세브란스연합의전에 인턴 제도를 도입하는 데

노력하여 의사 수련의 체계화에 기여했다. 1932년에는 세브란스연합의전 연구부 간사로 위촉되어 그 학술지인 *Journal of Severance Union Medical College*의 편집을 담당했으며, 세브란스연합의전 의학자들의 영어 논문 작성 및 발표를 관리했다. 1935년 가족과 함께 여름휴가를 보내기 위해 학부 졸업 후 수련을 받았던 비엔나에 방문했다가, 조선총독부의 입국 제한으로 다시 조선에 돌아오지 못했다. 그 뒤 1967년까지 토론토에서 개인의원을 운영하며, 감리회 선교부와 캐나다연합교회 선교부를 통해 한국에서의 선교활동을 후원했다. 1971년 캐나다 온타리오주 피터버러(Peterborough)에서 지병으로 사망했다.[1]

---

1 『セブランス聯合醫學專門學校一覽』(1931); *Severan Union Medical College Annual Report for Fiscal Year 1931-1932*(Seoul: Severance Union Medical College, 1932); Cliff Henderson, "Dr Norman Paul Found," *BCMJ* vol. 50, no. 8(2008), p. 461; "Norman Found," Yale University Divinity School Library. http://drs.library.yale.edu/HLTransformer/HLTransServlet?stylename=yul.ead2002.xhtml.xsl&pid=divinity:030&query=&clear-stylesheet-cache=yes&hlon=yes&big=&adv=&filter=&hitPageStart=&sortFields=&view=c01_1#ref585(검색일: 2018. 2. 16.).

스탠리 마틴

Stanley H. Martin

재직년 1927-1940
생몰년 1890-1941
소 속 캐나다장로회
한국명 민산해(閔山海)

1890년 캐나다 뉴펀들랜드 세인트존스(St. John's)에서 출생했다. 1916년 6월 온타리오주에 위치한 퀸즈의과대학(Queen's Medical College)을 졸업하고, 같은 해 11월 미국인 간호사 라절스와 결혼한 후 캐나다장로교회 해외선교사로 지원해 한국으로 파송되었다. 파송되기 전에 모교에서 인턴, 레지던트 과정을 이수한 뒤 잠시 선의(船醫)로도 근무했다.

한국에 온 마틴이 파견된 지역은 북간도(만주)였다. 캐나다선교부는 캐나다선교부의 선교구역이었던 북간도(만주)와 함경남북도 중에 한국인들이 많이 사는 북간도에 제대로 된 병원이 없었던 상황을 고려하여, 북간도 내에서도 한국인이 가장 많이 모여 사는 룽징춘(龍井村)에 병원을 설립하기로 했다. 이에 따라 마틴은 이 병원의 건설 책임자로 파견되었고,

1916년부터 그는 바커(A. H. Barker, 朴傑)와 함께 간도 룽징에 파견되어 의료사업에 착수했다. 이 병원은 후에 30개의 병상을 수용하는 입원실과 X선 촬영시설, 수술실을 갖춘 병원으로 성장했는데, 이 병원이 바로 제창병원(濟昌病院)이다.[1]

1919년 3월 간도 만세시위운동, 1920년 간도 학살 때에는 억울하게 희생당한 한국의 부상자들을 구휼하는 데 헌신적으로 노력하여 그는 주변 한국인들에게 은인으로 인식되었다. 1920년 간도학살 당시 부상자들을 치료했을 뿐만 아니라 일제의 만행 현장을 사진 촬영하여 그 참상을 구미 각국에 널리 알리기 위해 힘썼다.

1927년 3월까지 제창병원의 원장으로 재직하다가 세브란스 의학전문학교 교수로 임용되었다. 이는 세브란스 의학전문학교가 모든 종파가 참여하는 연합의학교로 확대·개편됨에 따른 캐나다선교부의 결정이었다. 세브란스로 전임한 후 그는 호흡기내과에 특히 관심을 갖고 결핵환자 진료와 흉곽내과 강의를 담당했으며, 학생들에게는 폐결핵의 기흉요법을 지도했다. 1928년 최동·이용설 교수와 함께 한국 최초의 항결핵회를 조직해 회장을 역임했고, 신문·잡지를 통해 결핵 관련 기사를 발표하며 결핵 계몽에도 힘썼다. 그는 당시 한국인들에게 세브란스의 폐결핵 전문의사로 널리 알려져 세브란스병원 내과 외래에는 그의 진료를 받기 위해 찾아

온 폐결핵 환자로 가득했다.

그는 체구가 크고 다리를 절었으며 심장이 약한 데다 천식까지 앓았다. 천식 발작이 일어나면 강의를 하다가 그대로 진찰실로 돌아와 진찰대에 누워 진정하는 일도 많았다. 그는 흉곽내과를 임상강의 방식으로 강의하여 강의실에 환자를 데려다놓고 한국어와 영어를 섞어 진행했다. 그는 일제 총독부의 일본어 사용과 신사참배 요구에 따르지 않다가 끝내 1940년 11월 일제에 의해 강제 출국당했다. 그가 출국당할 시점은 세브란스에 봉직하던 모든 외국인 의료진이 떠났던 때였고 그는 마지막까지 남아있던 의사였다. 미국 버지니아주 리치먼드(Richmond)에 정착했으나 귀국한 지 1년이 채 안 된 1941년 7월 29일에 심근경색으로 타계했다. 그의 외아들은 한국전쟁에 참가했다가 전사했고, 딸 마가렛 무어(Mrs. Margaret Moore)는 종전 후 남편과 함께 한국에 돌아왔다. 1984년 귀국할 때까지 극작가이자 연출가로 선교와 계몽에 많은 공을 세웠다.

---

1 김승태, 「캐나다 장로회의 의료선교: 용정 제창병원을 중심으로」, 『연세의사학』 14-2, (2011), 7-35.

에밀리 스탠든

Emily V. Standen

재직년 1930-1935년 전후
생몰년 미상
소 속   불명

1930-1935년도 전후에 세브란스연합의학전문학교 부속병원 산파간호부양성소에서 근무했다.

모드 넬슨

Maude I. Nelson

재직년 1931(추정)-1937(추정)
생몰년 미상
소 속 미남감리회

1928년 남감리회 선교사로 내한했고, 세브란스병원 간호부 양성소 소장으로 간호원 양성에 힘썼다. 1940년 귀국했다.

테레사 러들로
Theresa E. Lange Ludlow

재직년 미상-1938
생몰년 1879-1938
소 속 미북장로회

세브란스병원 외과학교실의 알프레드 러들로(Alfred I. Ludlow, 1875-1961)의 부인으로 세브란스에서 간호사 양성에 힘썼다. 언제부터 근무했는지는 알 수 없으나, 1930년대 세브란스연합의학전문학교 부속병원 산파간호부양성소에서 교육을 담당하고 있었으며, 1938년에 사망했다.

넬리 홀드크로프트

Nellie Ciwan Holdcroft

재직년 미상-1930년대
생몰년 미상
소 속 미북장로회

미북장로회 선교사 제임스 홀드크로프트(James Gordon Holdcroft, ?-?)의 부인으로, 1909년 남편과 함께 내한한 것으로 보인다. 1932년 당시 세브란스에서 간호교육과 실습을 담당했다.

얼 앤더슨

Earl Willis Anderson

재직년 1933-1940
생몰년 1879-1960
소 속 미남감리회
한국명 안열(安烈)

1879년 미국에서 태어났다. 1910년 목사안수를 받았으며 1914년 미남감리회 선교사로 부인과 함께 내한하여 서울선교부에서 활동했다. 1922년 원산 구세병원 의료선교사로 전임했고, 1933년 세브란스의전 이비인후과에 부임했다. 1934년 세브란스의전 이사로 취임했으나, 1941년 일제에 의해 강제로 추방되었다. 세브란스 출신으로 3·1운동에 참여하여 옥고를 치르고 원산 지역에서 기독교 청년운동과 신간회 운동에 참여한 송춘근은 그의 추천으로 세브란스에 입학한 것으로 알려져 있다.[1]

---

1 신규환, 「나라의 독립과 발전 위해 평생을 바친 송춘근」, 『세브란스병원』(2017. 1.).

알렉산더 피터스

Alexander Albert Pieters

재직년 1940
생몰년 1872-1958
소 속 미성서공회, 영성서공회 및 미북장로회
한국명 피득(彼得)

러시아에서 출생한 미성서공회·영성서공회·미북장로회 소속 선교사로서 구약성서를 번역하고, 복음전도를 한 인물이다. 1895년 미성서공회 직원으로 루미스와 내한했고, 서울에서 어학 공부를 하며 서울 근교를 순회하며 성서를 판매했다. 1898년 시편 일부인 『시편촬요』를 간행했다. 대영성서공회로 소속을 이전한 뒤 계속 성서반포사업을 진행했고, 이후 미국에서 신학을 전공하고 미북장로회로 옮겼다. 1908년 세브란스병원 의사 에바 필드와 재혼했고, 1910년에는 구약성서 전체를 한글로 번역했고, 1911년 게일의 『한영사전』 개정판을 발간했다. 1937년에는 구약성서 개역작업을 완성했다.

1930년에는 첫 부인을 추모하여 세브란스병원에 결핵환자 진료소, 1932년에는 세브란스병원 치과에 대수술실을 마련하는 데에 재정적으로 기여했다. 1940년 세브란스병원 회계이사로 1년간 봉직했다. 1941년 은퇴 후 미국으로 돌아갔고, 1958년 캘리포니아주에서 사망했다.

해방 이후
세브란스 선교사

해방 이후 선교사 연표

	1950	1960
번스 Beulah V. Bourns		
머레이 Florence Jessie Murray	1948-1955	
모 Thelma Bridges Maw		
만제 Fred Prosper Manget	1950년 전후	
샌들 Ada Sandell	1950년대 초	
휘태커 Faith Whitaker	1952-1957	
롭 Ian S. Robb		
스트러더스 Ernest. B. Struthers	1954-1958	
와이스 Ernest Walter Weiss		
와이스 Hilda Seiter Weiss		
버제스 John Burgess	1956-1959	
릭스 Robert G. Riggs		
라이스 Roberta G. Rice		
킹슬리 Marian Ethel Kingsley		
스캇 Anna Bicksler Scott		
스캇 Kenneth Munro Scott		
헤일 Lyman L. Hale Jr.		
크라우스 Elizabeth Shipps Crouse		
피어슨 Eleanore J. Pierson	?-?	
커렌트 Marion E. Current		

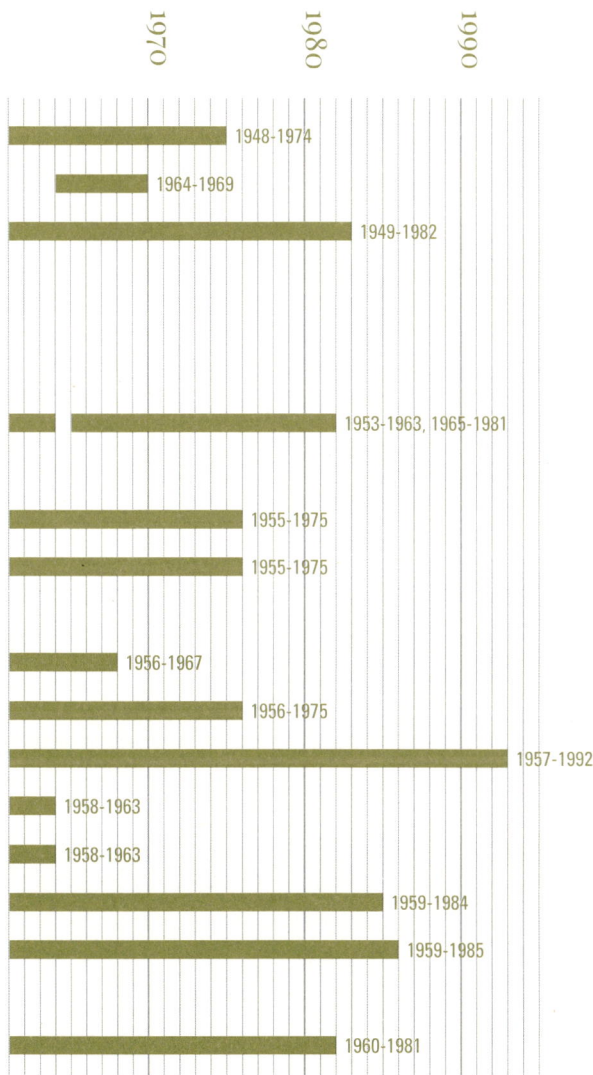

	1950	1960

로빈슨 Courtland Robinson

리첼슨 Mark Richelsen

크리스티안슨 Charles S. Christianson

존스턴 Lela Mae Johnston

로크 Francisco T. Roque

베일리스 Frederick M. Bayliss

존슨 Susan Beth Johnson

샌팅가 John T. Santinga

해리스 Ruth C. Harris

스티즈 Rita B. Steeds

사이치 Dorothea Sich

스튜어트 Ruth G. Stewart

존슨 Kit G. Johnson

베이싱어 William A. Basinger

한나 Clifton A. Hanna

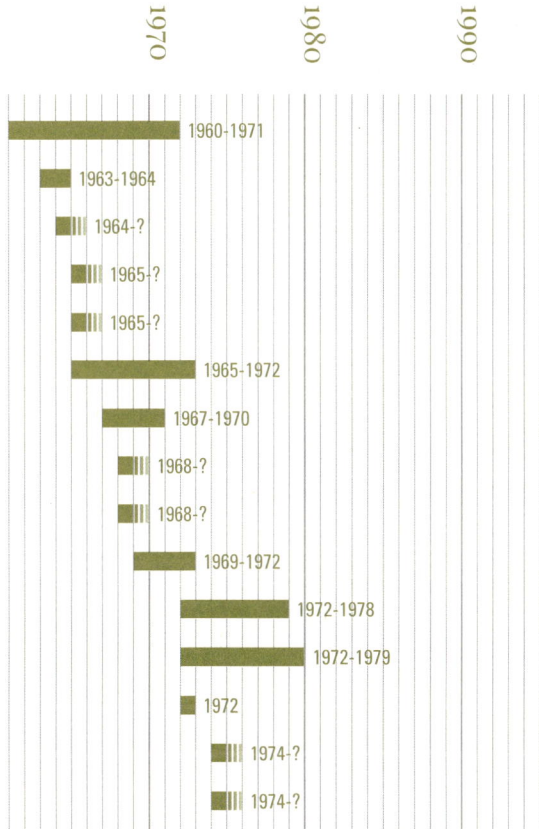

블라 번스
Beulah V. Bourns

재직년 1948-1974
생몰년 1906-1990
소 속 캐나다연합선교회(UCC)
한국명 김은수(金銀水), 보은수(普恩授)

캐나다 출신 선교사로 1906년 캐나다에서 출생하여 토론토 대학 간호학과를 졸업하고 캐나다연합선교회(UCC: United Church of Canada)가 파송하는 간호선교사로 1932년 내한했다. 함경도 회령과 함흥 지방 의료선교사로 사역했고, 1942년 6월 제혜병원에서 의료활동을 지속하다가 일제의 압력으로 본국으로 귀국했다. 1948년 10월 다시 내한하여 간호선교활동을 재개했고 세브란스에서도 근무했다. 그 후 1951년 한국전쟁 때에는 부산 거제도에 임시로 설치한 세브란스병원에서 진료활동을 담당했다. 또한 전쟁고아를 위한 고아원을 설립했다.

1957년부터는 연세대학교 간호대학 간호학과 교수와 간호부장으로 재직했고, 1970년대에는 장학기금 100만 원을 헌

납하여 번스 장학기금을 만들기도 했다. 1974년 6월까지 재직했고, 1974년 12월에는 연세대학교 간호대학 최초의 명예교수로 추대되었다. 대외적으로도 영유아의 건강관리사업을 진행하면서 어려운 가정을 방문하여 필요한 아기 물품을 나눠주고 건강지도를 시행했다. 또한 집유소(集乳所, Milk-Station)을 설치하여 소득이 낮은 가정의 영유아에게 무상으로 우유를 공급하는 건강관리사업도 진행했는데, 이는 1974년 5월 번스의 은퇴 후 영유아 건강관리소로 발전하여 운영되었다. 1990년 캐나다에서 별세했고, 현재 양화진 제2묘역에 안장되었다.[1]

---

[1] "Manitoba Nurse: Beula Bourns," University of Manitoba College of Nursing Rady Faculty of Health Sciences http://www.umanitoba.ca/faculties/nursing/info/bourns.html.

플로렌스 머레이
Florence Jessie Murray

재직년 1948-1955, 1964-1969
생몰년 1894-1975
소 속 캐나다장로회
한국명 모례리(慕禮理)

머레이는 1894년 2월 16일 캐나다 노바스코샤주 픽투랜딩(Pictou Landing)에서 장로교 목사의 딸로 태어났다. 1914년 프린스 오브 웨일즈대학(Prince of Wales College) 의예과를 졸업하고, 다시 1919년 핼리팩스(Halifax)에 있는 달하우지대학교(Dalhousie University) 의과대학을 졸업했다. 1921년 9월 캐나다장로회에서 의료선교사로 임명되어 만주 룽징의 제창병원 관리자가 되었다.

1923년 내한했는데, 이는 당시 한국 함흥에서 의료선교를 하고 있었던 여의사 케이트 맥밀란(Kate McMillan)이 캐나다 선교부에 여의사의 증원을 요청한 데 따른 것이었다. 내한한 이후 머레이는 함흥 제혜병원에서 소아과와 내과를 담당하다가 1925년 함흥 신창리에 병원이 준공되면서 병원장이 되어 1942년까지 근무했다. 1942년 일본에 의해 가택연금되었다가 강제 추방되었다.

머레이는 1945년 캐나다에서 병원을 개업했으나, 1947년에 다시 한국으로 돌아와 이화여자대학교 의과대학 부학장을 맡았고, 1948년에는 세브란스로 자리를 옮겨 소아과장, 부원장, 병원장 직무대행 등을 역임했다. 1956년 달하우지대학에서 법학박사학위를 받았으며, 같은 해 파인힐신학대학(Pine Hill Divinity Hall)에서 명예신학박사학위(Honourary Doctor of Divinity degree)를 받았다. 1959년에는 원주연합기독병원 설립에 기여했으며, 원주 지역에 있던 한센병 환자들의 마을인 경천원에서 환자들의 치료를 위해 헌신하기도 했다.

1961년 7월에 은퇴하여 캐나다로 귀국했으나, 1962년 9월에 구라선교회의 초청으로 다시 한국을 찾았고, 1964년 12월 이후에는 세브란스병원 의무기록실에서 실장으로 근무했다.

1969년 5월 캐나다로 다시 돌아갔으며, 1975년 4월 81세의 일기로 고향 노바스코샤주 픽투랜딩에서 별세했다. 두 권의 자서전인 *At the Foot of Dragon Hill*[1]과 *Return to Korea*를 남겼다.

1985년 10월 연세대학교 동문회에서는 기금을 모아 한국 의학사에 큰 공적을 남긴 올리버 에비슨, 스탠리 마틴, 폴

로렌스 머레이를 기리는 석탑을 토론토대학교 빅토리아대학 교정에 세웠다.[2]

---

1 한역본은 김동열 옮김, 『내가 사랑한 조선』(서울: 두란노, 2009).
2 플로렌스 머레이에 대해서는 『크리스찬저널』의 「선교사 열전」이라는 코너에서 72회에 걸쳐 연재한 바 있다(http://www.kcjlogos.org/news/articleView.html?idxno=6934); 「제2의 고향은 한국, 우리기관의 선교사들-모레리 선교사」, 『원주기독병원소식』(2009. 12.); 플로렌스 J. 머레이, 김동열 옮김, 『내가 사랑한 조선』(서울: 두란노, 2009); Dalhousie University Libraries 홈페이지에서도 Florence J. Murray 약력이 정리되어 있어 참고가 된다. http://findingaids.library.dal.ca/murray-florence-j-1894-1975(검색일: 2018. 2. 26.).

델마 모

Thelma Bridges Maw

재직년 1949-1982
생몰년 1916-2005
소 속 미북감리회, 미연합감리회
한국명 모우숙(毛優淑)

1916년 2월 19일 미국 캘리포니아주 르 그랜드(Le Grand)에서 태어났다. 채피주니어칼리지(Chaffey Junior College)를 거쳐 캘리포니아 버클리대학교(U. C. Berkeley)에서 체육교육학을 전공했다. 로스앤젤레스 아동병원에서 물리치료 실습을 마치고 물리치료사 자격증을 획득했다. 미연합감리회 소속 선교사가 되어 중국으로 가려고 했으나, 중국혁명 등 중국 내 정치상황으로 1949년 임시 파견 형식으로 한국에 왔다. 한국에서는 주로 세브란스병원에서 근무했으나, 한국전쟁 당시에는 전주예수병원에서 근무하기도 했다.

1952년 7월 세브란스에 물리치료실을 열었으며, 1959년엔 감리회 선교재단의 도움으로 재활원을 설립해 소아마비와 뇌성마비 어린이를 본격적으로 치료했다. 한국에서 물리치료의 시술과 물리치료사의 양성을 처음으로 시작했다. 세브란스뿐만 아니라 원주기독병원과 인천기독병원 등지에도 물리치료실을 설치해 치료기술을 보급하기도 했다. 1982년 정년퇴임 당시 한국 정부로부터 국민훈장목련장을 받았다. 미국으로 돌아간 후 2005년 11월 15일 사망했다.[1]

---

1 「장애아의 지팡이」로 반평생-33년 만에 한국 떠나는 「벽면의 모우숙 할머니」, 『중앙일보』(1982. 4. 20.); 「제2의 고향은 한국, 우리기관의 선교사들-마우 선교사」, 『원주기독병원소식』(2009. 12.).

프레드 만제

Fred Prosper Manget

재직년 1950년 전후
생몰년 1880-1979
소 속 미북감리회, 미연합감리회

1880년 미국 조지아주에서 태어났다. 1906년 애틀랜타의학교(Atlanta College of Physicians and Surgeons, 현재 Emory University School of Medicine)를 졸업하고, 애틀랜타의 그래디병원(Grady Hospital)에서 인턴으로 일했다. 이후 뉴욕과 존스홉킨스대학교(Johns Hopkins University)에서 대학원 과정을 마쳤다.

1909년 선교사업을 위해 중국으로 떠나 저장성(浙江省) 후저우(湖州)에서 개인 진료소를 열었다. 이후 록펠러재단의 후원과 중국 정부의 부지 제공, 그리고 미남감리회와 미북침례회 등의 지원에 힘입어 후저우종합병원(Huzhou Union Hospital, 湖州福音医院)을 세웠다. 이후 이 병원은 일본군에 의해 점령당했는데, 이로 인해 그의 가족들은 모두 미국으로 떠났지만, 그는 일본군의 중국인에 대한 가혹한 대우에 항의하는 의미에서 귀국하려 하지 않았다. 이로 인해 일본군에게 간첩죄로 체포되기도 했고, 또 지속적인 감시를 받아야 했다. 제2차 세계대전 중에는 미국 공중보건위원회(Public Health Commission)의 요청으로 버마와 중국 서부 지역에서 의료활동을 벌였다. 1950년에는 미연합감리회 소속 선교사로 한국을 방문하여 실업구제사업에 힘쓰다가 1951년 미국으로 돌아갔다. 내한 기간 중 세브란스 안과에서 고문직을 수행했으며, 전쟁으로 파괴된 병원 건물과 시설 정비를 지원했다.

미국으로 돌아간 이후 빈곤층과 노약자를 위해 조지아주 여러 곳에서 진료소를 운영하거나 의료 봉사활동을 펼쳤다. 1979년 1월 21일 별세했다. 에모리대학 피츠신학도서관(Pitts Theology Library)에 '프레드 만제 문서(Fred Prosper Manget Papers)'가 소장되어 있다.[1]

---

1 위키피디아 Fred Prosper Manget 항목(http://en.wikipedia.org/wiki/Fred_Manget, 검색일: 2018. 2. 26.); 王淼, 「孟杰与民国时期湖州福音医院研究」, 『湖州师范学院学报』(2017年9期); 『연세대학교 의과대학 내과학교실사 (1885-2015)』(서울: 연세대학교 의과대학 내과학교실, 2015), 49; 에모리대학 아카이브의 "Fred Prosper Manget Papers", http://pitts.emory.edu/archives/text/mss362.html(검색일: 2018. 2. 26.).
『내한선교사총람』 329쪽에는 미북감리회 소속으로만 나와 있으나, 내한 시에는 미연합감리회 소속이었다. 프레드 만제의 내한 기간과 관련해서는 1949-1950년이라는 설과 1950-1951년이라는 설이 있다.

에이다 샌들
Ada Sandell

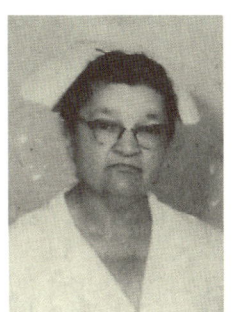

재직년 1950년대 초
생몰년 1896 - 미상
소 속 캐나다연합교회(UCC)

1896년 영국에서 태어났고, 캐나다 앨버타주 라몬트간호학교를 졸업했다. 1927년 캐나다연합교회 의료선교사로 내한했고, 함흥 제혜병원 간호부장으로 봉직했다. 일제 치하 말기에 귀국했으나, 해방 후에 다시 내한했다. 한국전쟁 때 거제도 장승포에 마련된 세브란스전시간호학교에서 강의와 실습을 담당했다. 이 외에도 거제도 장승포에서 영아보건에 헌신했고, 전북 이리시의 의료보건사업, 전도사업, 결핵환자 치료에 힘썼다. 1962년 정년퇴임으로 귀국했다.

페이스 휘태커
Faith Whitaker

재직년 1952-1957
생몰년 1925-2012
소 속 미북감리회

1925년 6월 20일 중국 산둥성(山東省)에서 출생했다. 부모는 모두 의료선교사였으며, 페이스는 6남매 중 막내였다. 고등학교 때 가족과 함께 중국으로 다시 건너갔다. 1947년 어머니와 할머니를 이어 오벌린(Oberlin)대학을 졸업했으며, 이후 간호학교를 다녔다. 1952-1957년 한국에서 선교사로 봉사하면서 세브란스병원에서 연구실 기사로 일했다.[1] 미국으로 돌아간 이후 캘리포니아주와 오레곤주 등에서 거주했으며, 1990년대까지는 의학실험실 기술자로 일했다. 2012년 캘리포니아주 클레어몬트(Claremont)에서 별세했다.

> 1 힐다 와이스의 자서전(엘리자베스 베티 리처드슨 엮음, 안종희 옮김, 『의료선교사 와이스 부부의 헌신』(서울: 청년의사, 2010), 150쪽에는 페이스 휘태커가 1959년에 한국을 떠난 것처럼 기술되어 있다.

이안 롭
Ian S. Robb

재직년 1953-1963, 1965-1981
생몰년 1916-2005
소 속 캐나다연합교회(UCC)
한국명 업요한

이안 롭은 캐나다 출신 내한 선교사 부부의 아들로 1916년 함경도 원산에서 태어나 유년기를 평양에서 보냈다. 이후 그는 캐나다로 돌아가서 노바스코샤주 핼리팩스에 있는 달하우지대학교(Dalhousie University)에서 의학을 배웠다. 졸업 후에는 4년간 제2차 세계대전의 군의관으로 복무했고, 중국의 캐나다 선교병원에서 근무했으며, 한국전쟁 막바지인 1953년에 내한하여 거제도에 피난을 가 있던 세브란스병원 임시병원 외과에서 3년간 근무했다. 이후 그는 다시 캐나다로 돌아가 핼리팩스에 있는 빅토리아종합병원(Victoria General Hospital)에서 2년간 마취과 수련을 받고 1957년에 다시 내한하여 세브란스병원에 부임했다. 특히 그는 세브란스병원에 부임한 직후 마취과가 외과에서 분리되어 독립적인 교실로 창설되는 데 기여했으며, 창설 후에는 초대 과장으로 임명되었다.

그는 임상·교육·연구 영역에서 모두 왕성하게 활동하다가 1963년 다시 캐나다 빅토리아종합병원으로 돌아가서 추가적인 마취과 전공의 수련을 받고 1964년 가을 왕립의사협회(Royal College of Physicians)의 전임의(fellow) 시험에 합격하여 검증된 마취과 의사의 자격을 얻었다. 이곳에서 근무하다가 1965년에 다시 세브란스병원에 합류하였는데, 이때부터 세브란스병원에서 4년 과정의 마취과 전공의 수련이 실시되었다. 1969년부터 롭은 미국 베데스다해군병원에서 마취과를 전공한 오홍근에게 과장직을 넘기고 마취과 고문으로 근무했으며, 1981년 6월 정년퇴임을 했다. 퇴임 당시 그는 한국의 의학 발전에 대한 공로로 한국 정부로부터 국민훈장 동백장을 받았다. 이후 캐나다로 돌아간 그는 1988년에 선교사직에서 은퇴하고 핼리팩스에서 여생을 보내다가 2005년에 사망했다.

어니스트 스트러더스

Ernest. B. Struthers

재직년 1954-1958
생몰년 1886-1977
소 속   캐나다연합교회(UCC)

1886년 캐나다 온타리오주에서 태어났다.[1] 1920년대 중국에 의료선교사로 파견되어 산둥성 칠루 의대에서 20년간 근무했으나, 중국 공산화 이후 캐나다로 귀국했다. 1953년 캐나다연합장로교 의료선교사로 내한했다. 그는 교회세계봉사회(Church World Service)의 산하기관인 흉부진료소(Chest Clinic)를 세브란스에 설치한 것을 시작으로 결핵퇴치사업에 매진했다. 교회세계봉사회는 각국의 기독교 신자들로 구성된 봉사단체로, 도움이 필요한 지역에서 보건·사회·교육 사업을 펼쳤다. 이 단체가 한국에서 중점을 둔 것은 결핵퇴치사업이었는데, 스트러더스는 이 사업의 책임자로 케네스 스캇(Kenneth Munro Scott, 1916-2014) 등과 함께 근무했다.

1954-1958년에는 세브란스의대(연세의대) 내과교수로

활동하며 교육도 담당했다. 교회세계봉사회는 1954년 1월에 당시 서울역 인근에 있던 세브란스병원 구내에 흉부진료소를 설치했다. 이 흉부진료소는 이후 한국 내에 설치된 흉부진료소들의 본부 역할을 했으며, 소속 의료진들이 세브란스에서 교수로 봉직하기도 했기 때문에 사실상 세브란스 호흡기내과의 전신으로 이해되고 있다.

스트러더스는 1954년 8월에는 서울적십자병원, 11월에는 서울여자의과대학병원, 그리고 1955년 5월에는 서울시립병원에 흉부진료소를 설립했다. 서울에 이어 대전·대구·인천·용인·공주·광주·삽교 등에도 교회세계봉사회 흉부진료소가 설치되어 통원치료사업이 이루어졌다. 스트러더스는 1957년 한국에서 활동 중이던 캐나다연합교회(UCC) 소속 선교사 엘다 다니엘스(Elda Daniels)와 결혼했으며, 1963년 캐나다로 돌아갔다. 1977년 고향인 캐나다 온타리오주에서 사망했다. 자서전인 *A Doctor Remembers: Days in China and Korea*[2]는 부인 엘다에게 구술한 내용을 기록한 것이다.[3]

---

1 『내한선교사총람』 463쪽에는 영국 출생으로 되어 있다.
2 Ernest B Struthers, *A Doctor Remembers: Days in China and Korea*(Unknown Binding, 1976).
3 여인석, 「연세합동과 의료원 체제 이후의 선교활동(1957-1993)」, 『연세의사학』 37, (2015).

어니스트 와이스

Ernest Walter Weiss

재직년 1955-1975
생몰년 1908-1984
소 속 미북감리회, 미연합감리회

1908년 10월 25일 미국 텍사스주에서 태어났다. 신시내티 대학교(University of Cincinnati) 의과대학에서 수학한 후 1937년에 의사가 되었다. 인디애나폴리스(Indianapolis) 감리교병원에서 인턴을 하고, 신시내티 베데스다병원(Bethesda Hospital)에서 외과 수련을 받았다. 1938년 신시내티에서 간호사 힐다 세이터(Hilda Seiter, 1915-2013)를 만나 결혼했다. 결혼 직후인 1939년 의료선교사로 중국에 부임하여 1943년까지 복무했다. 다시 미국으로 돌아가 1946년까지 외과 수련을 받고 난 후 중국으로 건너가 1946년부터 1951년까지 중국 난창(南昌) 종합병원에서 일했다. 중국의 공산화 이후 한국으로 이동한 그는 1955년부터 1975년까지 세브란스와 연세의대에서 외과교수로 활동하며 병원·대학의 발전과 후학 양성을 위해 노력했다.

특히 와이스는 신촌에 병원과 의과대학을 건립할 당시 건축위원회 위원장을 맡아 세브란스병원과 연세의대가 발전하는 데 큰 역할을 했다. 건축위원회 위원장으로 재직할 당시 전후의 열악한 상황에서 미8군, 선교본부, 차이나 메디컬 보드, 기타 국외 여러 선교단체와 접촉하고 교섭하여 서울역 앞에 있던 세브란스 캠퍼스를 신촌으로 이전하고, 중요한 건축물이 들어서는 데 결정적인 공헌을 했다. 당시 와이스와 부인 힐다가 병원 건축을 위해 여러 기관과 개인들에게 보낸 편지는 1,500통에 이른다. 건축자재의 도난이 빈번하고, 공사를 담당하는 인원이 중요한 순간에 교체되는 등 여러 해 동안 우여곡절을 거친 끝에 1962년 6월 5일 병원이 준공되었다. 와이스는 건축위원장을 맡아 신촌 캠퍼스 조성에 매진하면서 건강이 많이 악화되었고, 공사 기간 이후 수차례 수술을 받기도 했다. 1975년 은퇴하여 미국으로 귀국할 때에는 들것에 누워서 비행기를 탔다고 한다. 1984년 11월 6일 별세했다.[1]

---

1 여인석, 「연세합동과 의료원 체제 이후의 선교활동(1957-1993)」, 『연세의사학』 37, (2015); 엘리자베스 베티 리처드슨 엮음, 안종희 옮김, 『의료선교사 와이스 부부의 헌신』(서울: 청년의사, 2010).

힐다 와이스

Hilda Seiter Weiss

재직년 1955-1975
생몰년 1915-2013
소 속 미북감리회, 미연합감리회

1915년 5월 10일 미국 오하이오주 마리온카운티(Marion County)에서 출생했다. 신시내티의 베데스다병원간호학교(Bethesda Hospital School of Nursing)를 졸업하고, 다시 신시내티대학에서 간호학 학위를 받았다. 1938년 5월 어니스트 와이스(Ernest Walter Weiss, 1908-1984)와 결혼했다. 결혼 직후인 1939년 남편과 함께 중국으로 건너가 간호사이자 선교사로서 활동했다. 중국의 공산화 이후 남편과 함께 중국을 떠나 한국으로 옮겼고, 1955년부터 1975년까지 연세의대 병리검사실에서 근무하면서 학생들을 가르쳤다. 남편 어니스트가 세브란스에서 건축위원회 위원장을 역임할 당시 끊이지 않고 집으로 찾아오는 병원 건축 관련 손님을 맞았으며, 이 일을 위해 남편과 함께 1,500통의 편지를 관계자에게 보내는 등 세브란스병원 건축을 위해 헌신했다. 1975년 은퇴 후 남편과 함께 미국 텍사스로 돌아갔다. 1984년 남편과 사별하고 1995년 목사 다윈 앤드루스(Darwin Andrus)와 재혼했다. 2013년 3월 8일 텍사스주 알링턴(Arington)에서 별세했다. 저서에 *Hilda's Book: Faithful to the End*가 있다.[1]

---

1 여인석, 「연세합동과 의료원 체제 이후의 선교활동(1957-1993)」, 『연세의사학』 37, (2015); *Hilda's Book: Faithful to the End*. 이 책은 엘리자베스 베터 리처드슨 엮음, 안종희 옮김, 『의료선교사 와이스 부부의 헌신』(서울: 청년의사, 2010)으로 번역되었다.

존 버제스

John Burgess

재직년 1956-1959
생몰년 미상
소 속 교회세계봉사회(CWS)

호주 출신으로 교회세계봉사회 소속 의료선교사이다. 내한한 시기는 명확하지 않으나 1954년 11월 *The Medical Journal of Australia*에 "A children's clinic in Korea"라는 글을 기고한 것으로 보아 그 이전부터 한국에서 의료선교사로 활동 중이었던 것으로 생각된다. 어니스트 스트러더스(Ernest. B. Struthers), 케네스 스캇(Kenneth Munro Scott) 등과 함께 교회세계봉사회의 산하기관으로 세브란스에 설치된 흉부진료소(Chest Clinic)에서 활동했다. 1956년부터 1959년까지 연세대학교 의과대학 방사선과의 명예 과장으로 재직하며 강의를 전담했다.[1]

1 대한영상의학회 홈페이지의 학회소개 중 연혁 부분 참고. http://www.radiology.or.kr/about/?subid=2&dbg=2&rtab=3&ptab=1&stab=1&content=1 (검색일: 2018. 2. 26.).

로버트 릭스

Robert G. Riggs

재직년 1956-1967
생몰년 1919-2008
소 속 미북감리회
한국명 이라복

1919년 5월 1일 아이오와주 가버(Garber)에서 태어났다. 웹스터시주니어칼리지(Webster City Junior College)를 졸업하고 아이오와주립대학교(State University of Iowa)에서 수학했지만, 제2차 세계대전 중 입대하면서 학업을 중단했다. 1942-1946년 미 육군 의료행정부대에서 복무했다. 전역 후 아이오와주로 돌아와 아이오와주립대학교와 인디애나대학교(Indiana University), 그리고 시카고대학교(University of Chicago)에서 병원 행정을 전공했다. 이후 아이오와대학병원(University of Iowa Hospital)과 제인램기념병원(Jane Lamb Memorial Hospital) 등에서 근무했다. 1954년 6월 미북감리회의 선교사가 되었으며, 1956년 3월 내한하여 세브란스병원과 연세대학교 의과대학의 행정감사 및 고문으로 재직했다. 이 기간 동안에 서울외국인학교의 회계 업무를 담당하기도 했다. 1967년 세브란스와 연세대학교에서의 임기를 마치고 그 다음 해 미국으로 귀국했다. 이후로도 병원 건설과 경영, 그리고 교회와 관련된 일에 종사하다가 1985년 은퇴했다. 2008년 10월 8일 캘리포니아주 클리어레이크(Clear Lake)에서 별세했다.

로버타 라이스

Roberta G. Rice

재직년 1956-1975
생몰년 1917-2014
소 속 미북감리회
한국명 노옥자

라이스는 1917년 미네소타주의 소도시 르 수어(Le Sueur)의 감리교 집안에서 태어났다. 어린 시절 아동선교회에 참가하여 버려진 중국인 여자 아이들에 대한 이야기를 듣고, 그들을 위해 기독교와 의학을 전파해야겠다는 생각을 막연히 갖게 되었다. 10세 때 가족들과 함께 미네소타주 로체스터(Rochester)로 이사한 라이스는 자택 가까이에 있던 메이요 클리닉(Mayo Clinic)과 그 의사들에게 감화를 받아 의학을 전공하기로 결심했다. 특히 라이스는 중국에서 활동하다가 메이요클리닉에 보수 교육을 받으러 온 선교 의사 월터 쥬드(Walter Judd)와의 만남을 계기로, 외과의사가 되기로 마음을 먹었다.

라이스는 로체스터고등학교를 졸업하고 대학 입학을

위한 예비 교육기관인 로체스터주니어칼리지(Rochester Junior College)를 거쳐 콜로라도대학교(University of Colorado)에 입학했다. 학부에서 생물학을 전공하고, 졸업 후 미네소타대학교(University of Minnesota) 의과대학에 진학했고, 의대를 졸업한 뒤에는 일리노이대학병원에서 인턴 수련을 받았다. 인턴을 마친 후 외과를 전공하고자 40여 개의 병원에 지원을 했으나 여성이라는 이유로 대부분의 병원에서 거절을 당했다. 지원과 탈락을 거듭한 끝에 그녀는 겨우 웨인주립대학병원(Wayne State University Hospital)에서 수련을 받게 되었으나, 심한 십이지장 궤양으로 수련을 중단하게 되었다. 이후 집에서 요양하던 그녀는 어릴 적부터 인연이 있던 메이요재단의 윌리엄 메이요 발포어(William Mayo Balfour)를 만났고, 메이요클리닉에 원서를 제출하라는 권유를 받았다. 망설이던 끝에 메이요클리닉의 외과에 지원한 그녀는 합격하여 척 메이요(Chuck Mayo)의 지도 아래 수련을 받았다.

외과전문의로서 수련을 마친 뒤 라이스는 본격적으로 선교의사로서 활동하기 시작했다. 1950년 6월 24일 라이스는 의료선교를 위해 한국으로 향했으나, 한국전쟁의 발발로 인하여 활동을 하지 못한 채 귀국했다. 이후 네브라스카 주 그랜드아일랜드(Grand Island)에 있는 재향군인의료원

(VA Medical Center)에서 근무하면서, 트리니티연합감리교(Trinity United Methodist Church)와 네브라스카여성연합감리교(United Methodist Women of Nebraska) 소속으로 활동하다가 1956년에 다시 한국에 파견되었다. 내한 이후 라이스는 전쟁을 겪고 황폐해진 한국의 의료 환경을 개선하는 데 힘을 기울였다. 그녀는 세브란스병원에 근무하면서 부족한 의료 시설과 장비를 마련했고, 무의촌에서 진료활동을 전개했으며, 빈민들의 수술비를 지원하는 재단을 조직했다. 아울러 이화여자대학교 총장이던 김활란의 요청으로 이화여자대학교 동대문병원에서 진료하기도 했다.

의료 환경이 어느 정도 개선된 후에는 한국의 의학교육체계를 개선하는 데 관심을 가졌으며, WHO와 연계한 보건전문가양성센터(National Teacher Training Center for Health Professions)의 설립을 주도했다. 그 밖에도 라이스는 인도와 중국에서 의료선교에 힘썼고, 몽골에 연세친선병원을 설립하는 데 관여하기도 했다. 그녀는 연세대학교와 이화여자대학교에서 외과학 교수로 근무하다가 1975년에 귀국했다. 한국 정부는 귀국 직전 한국의 의료 발전에 기여한 공로로 라이스에게 무궁화 훈장을 수여했다. 미국에 돌아간 뒤 그녀는 헌팅턴에 있는 재향군인병원에서 근무했으며, 마셜대학교(Marshall University)의 의과대학 창설에 관여하기도 했다. 1986년에 일선에서 은퇴하고 헌팅턴호스피스에서 자원봉사를 하면서 헌팅턴연합감리교회 행정위원회 등 연합감리교와 관련된 활동을 계속했다. 1992년에는 브룩스-호웰(Brooks-Howell)로 이사하여 여생을 보내다가 2014년에 사망했다.[1]

---

[1] 허정, 「라이스 여 외과의사」, 『알렌과 제중원 의사들』 (서울: 디자인나눔, 2010), 152-159; "Orbituary-Dr. Roberta Geraldine Rice M.D., F.A.C.S.," *The Post-Bulletin* (June 7, 2014).

매리안 킹슬리
Marian(Marion) Ethel Kingsley

재직년 1957-1992
생몰년 1927-2007
소 속 미북감리회
한국명 왕매련

미감리회 선교사로 1954년에 부산으로 내한한 의료선교사이다. 미국 로체스터(Rochester)의 제네시병원(Genesee Hospital) 간호학교를 졸업했고, 시라쿠스대학교(Syracus University) 간호학과에서 이학사 학위를 받았다. 한국으로 오기 전에 예일대학교(Yale University)에서 극동 지역 언어 과정을 수료했다. 초기에는 강릉 지역의 감리회 의료선교사로 사역하며, 학교·병원·진료소 등을 세우는 사역을 했고, 연세대학교와 서울대학교에서 간호학과 강의를 담당했다. 1957년 3월부터 연세대학교 간호대학 교수로 재직했고 1992년에 정년퇴임했다.[1]

그는 한국 간호교육의 발전에 크게 기여했다. 영국 빅토리아병원, 미국 코네티컷 가정간호 연수를 받은 뒤 호스피스 관련 최신자료를 가지고 귀국하여 1978년 1월 세브란스 병원에 호스피스 사업을 도입했고, 초대 책임자를 역임했다. 1992년에 은퇴하여 미국으로 돌아갈 때까지 연세대학교 간호대학 교수, 세브란스 호스피스 책임자, 안산1대학 교무과장 등을 지냈다. 또한 한국에서 모은 재산을 모두 호스피스 사업의 기금으로 희사하고 미국으로 돌아갔다. 대한간호협회 제3회 전국대회에서는 그를 간호사업 유공자로 표창했고, 1992년에는 연세대학교 명예교수로 추대되었다. 2007년 미국 로체스터대학병원에서 타계했는데, 생전에 사후 장기기증을 서약해두어 장기가 기증되었다.[2]

---

1 『의학백년』에는 1971년 5월까지 재직한 것으로 되어 있으나, 『연세소식』 173호(1992년 4월 16일자)에는 1992년 4월 21일 정년퇴임 고별강연회가 열린 것으로 소개하고 있다.
2 미국 시라쿠스대학 도서관의 스페셜 컬렉션에는 그녀의 쓴 편지가 보관되어 있다. 이 자료명에는 그녀의 이름을 Marian Kingsley가 아닌 Marion Kingsley로 표기하고 있다. https://library.syr.edu/digital/guides/k/kingsley_m.htm.

애나 스캇
Anna Bicksler Scott

재직년 1958-1963
생몰년 1917-2010
소 속 미북장로회

1917년 10월 16일 펜실베이니아주 레바논(Lebanon) 인근에서 태어났다. 필라델피아장로교병원(Presbyterian Hospital)의 간호학교에서 학위를 받고, 간호 감독관으로 재직 중 같은 병원에서 인턴을 하던 케네스 스캇(Kenneth Munro Scott)을 만나 1942년 7월 결혼했다. 결혼 직후 남편이 미군 군의관으로 입대하여 제2차 세계대전에 참전했기 때문에 6주 동안의 짧은 신혼 기간을 가졌을 뿐이며, 2년 반 동안 만나지 못했다. 1953년 남편과 두 아들과 함께 의료선교사로 한국에 파견되었다.

당시 한국에서는 전쟁의 여파로 소아마비 환자들이 급증하였고, 이들을 위한 물리치료나 재활치료 프로그램이 절실했다. 이에 따라 교회세계봉사회에서 재정 지원을 하여

1954년 11월 19일 세브란스에 소아마비 진료소가 개설되었고, 이 진료소는 1958년 세브란스가 신촌 캠퍼스로 이전할 때 소아재활원(Crippled Children's Center)으로 개편되어 1959년 10월 1일 개원했다. 애나 스캇은 이 소아재활원의 책임자가 되었다. 소아재활원에서는 환자들을 치료하는 외에 세브란스 소아재활원 부속초등학교도 설립하여 소아재활원에 입원한 아이들의 교육도 담당했다.

애나 스캇은 소아재활원을 발전시킨 공로를 인정받아, 1962년 5월 5일 제40회 어린이날 한국 정부로부터 올해의 어머니 세 명 중의 한 명으로 선정되어 상을 받았다. 외국인이 올해의 어머니로 선정된 것은 그녀가 최초였다. 1963년 한국에서의 활동을 마치고 새로운 부임지를 받은 남편을 따라 인도로 떠났다. 1974년 미국으로 돌아간 후에도 지역 무료진료소의 간호사로, 미국 적십자 혈액센터의 자원봉사자로 활동했다. 2010년 8월 4일 별세했다.[1]

---

1 여인석, 「연세합동과 의료원 체제 이후의 선교활동(1957-1993)」, 『연세의사학』 37, (2015).

케네스 스캇

Kenneth Munro Scott

재직년 1958-1963
생몰년 1916-2014
소 속 미북장로회

미북장로회 소속 의료선교사이다. 케네스 스캇은 1916년 중국 산둥성 칭다오(青島)에서 장로교 선교사 부부 슬하에서 태어났다. 중국 칭다오와 평양 등지에서 어린 시절을 보낸 후, 그는 펜실베이니아대학교(University of Pennsylvania) 의과대학에 진학해서 의사가 되었다.

스캇은 대학 졸업 후 필라델피아에 위치한 장로교병원(Presbyterian Hospital)에서 인턴을 했으며, 이 기간에 같은 병원의 간호사였던 애나(Anna Bicksler, 1917-2010)와 만나 1942년 7월 결혼했다. 1942년 인턴을 마친 그는 미군 군의관으로 입대하여 제2차 세계대전 중에 중국과 버마 등지에서 근무했다. 전쟁 중에 외과에 흥미를 느끼게 되어 펜실베이니아대학교 의대 부속병원에서 외과 레지던트 수련을 받았다.

수련 후 한국에 온 그는 한국전쟁이 막 끝난 1953년 9월부터 대구 동산병원에서 근무했다. 세브란스 외과는 대구에 이어 한국에서 그의 두 번째 근무지로, 여기에 부임한 것은 1958년이었다. 그가 부임했을 당시 세브란스 외과는 주임교수인 민광식 교수의 파트와 홍필훈 교수의 파트로 나뉘어 있었는데, 그는 홍필훈 교수의 파트에 속해 있었다. 스캇은 홍필훈 교수보다 직위가 높고, 나이도 다섯 살 더 많았음에도 홍필훈 교수에게 파트 책임자 자리를 양보했다고 한다.

스캇은 세브란스에 온 이후 당시 한국이 당면하고 있던 의료문제에도 관심을 쏟으며 적극적으로 활동했다. 어니스트 월터 와이스(Ernest Walter Weiss, 1908-1984)와 함께 흉곽병원 건축을 위한 위원회의 일원이 되어 병원 건축을 위해 노력을 아끼지 않았다. 그리고 그는 결핵퇴치사업에도 참여했고 어니스트 스트러더스(Ernest. B. Struthers)와 함께 교회세계봉사회 산하기관으로 세브란스에 설치된 흉부진료소(Chest Clinic)에서 같이 활동했다.

한국에서 10년간 근무한 후 1964년에는 인도 편잡주의 루디아나(Ludhiana)에 있는 기독교의과대학병원(Christian Medical College & Hospital)의 책임자가 되었다.[1] 이 병원은 1년 반 동안 부임자가 없는 상태로 남겨져 있었다. 그는 여기서 10년간 근무한 후 1974년 미국 노스캐롤라이나주로 돌아와 의료·종교활동에 힘을 기울이다 2014년 별세했다. 자서전으로 *Around the World in Eighty Years*가 있다.[2]

---

1 케네스 스캇의 인도에서의 활동에 대해서는 인터넷 매체 *Total Life Journal*에 실린 기사를 참조. http://totallifenow.typepad.com/total_life_now_forever/2014/04/dr-kenneth-m-scott-missionary-to-india.html(검색일: 2018. 2. 26.).

2 여인석, 「연세합동과 의료원 체제 이후의 선교활동(1957-1993)」, 『연세의사학』 37, (2015). 케네스 스캇의 자서전 서지사항은 Kenneth M. Scott, Around the World in Eighty Years(Franklin: Providence House Publishers, 1998).

리만 헤일
Lyman L. Hale Jr.

재직년 1959-1984
생몰년 1921-2019
소 속 미북감리회
한국명 하일만(河一萬)

중국 우후(蕪湖)에서 활동하던 감리교 선교사 부부(Lyman and Sadie Hale)의 아들로 1921년에 태어난 헤일은 중국에서 어린 시절을 보냈다. 그는 상하이에 있는 미국인 학교를 졸업한 후 미국 뉴욕주에 있는 시러큐스대학교(Syracuse University)에 진학했으며, 그곳에서 동물학을 공부하고 1943년에 졸업했다. 이후 같은 대학교 의과대학에 입학하여 1946년에 의사 자격을 취득했다. 이어서 시라큐스대학병원에서 인턴 수련을 받은 그는 군의관에 지원하여 2년간 한국과 일본에서 복무했다. 이후 미국으로 돌아가 메사추세츠주 우스터(Worcester)에 있는 메모리얼병원(Memorial Hospital)에서 외과 수련을 시작했고, 다시 2년간 보스턴시립병원(Boston City Hospital)에서 수련을 받았으며, 결핵의 높은 발생률을 연구하기 위한 정부 프로그램으로 알레스카에 2년 체류했다.

의과대학 시절 네바(Neva Marie Mowry)와 결혼한 후 자녀들 데리고 가족들과 함께 1958년 연합감리교회 소속으로 한국에 파견되어 세브란스병원에서 근무했다. 그는 세브란스병원에서 1959년부터 1984년까지 교수로 일하면서 흉부외과를 담당했는데, 특히 폐의 질환에 관한 진료와 교육을 맡았으며 한국에 만연하던 폐결핵에 대한 수술 치료에 관심을 가졌다. 그 일환으로 그는 미국의 심폐기기와 개흉술에 관한 최신 지견을 한국에 도입했다. 또한 대전의 결핵환자요양소와 원주기독병원에서도 근무하며 결핵 치료에 몰두했다.[1]

미국으로 돌아가 1986년 시라큐스에서 은퇴한 그는 2019년 6월 별세했다.

---

[1] 외국인진찰실에 관한 간략한 언급은 다음 참조. Georgie D. M. Hyde, "Health and Social Affairs," *South Korea: Education, Culture and Economy*(London: The Macmillan Press Ltd., 1988), pp. 73-99, esp. p.81; 약력에 관해서는 다음을 참조. "Specialist Slates Talk Here Sunday", *Rome Daily Sentinel*(May 22, 1964); 중국에서 오랜 기간 선교활동을 한 리만 헤일의 양친에 대해서는 다음을 참조. "Guide to the Lyman and Sadie Hale Papers-RG 147," Yale University Library. http://drs.library.yale.edu/HLTransformer/HLTransServlet?stylename=yul.ead2002.xhtml.xsl&pid=divinity:147&clear-stylesheet-cache=yes(검색일: 2018. 2. 26.).

엘리자베스 크라우스

Elizabeth Shipps Crouse

재직년 1959-1985
생몰년 1931-미상
소 속 동양선교회(OMS)

크라우스는 미국 성결교회 계열 동양선교회(OMS: One Mission Society) 소속 의료선교사이다.

1953년 미국 켄터키주 윌모어(Wilmore)에 있는 애스버리대학교(Asbury University)를 졸업했고, 1957년에 예일대학원 간호학과를 졸업하고 석사학위를 수여받았다. 이후 1959년까지 필라델피아 장로교병원 부설 간호학교 교수를 역임했다.

그는 1959년에 한국에 들어와 1961년에 한국에서 동양선교회에서 사역한 크라우스(J. B. Crouse)와 결혼했다. 1959년 9월부터 1985년까지 연세대학교 간호대학에 근무했다. 국제기독여성회(International Christian Women's Clubs)에도 소속되어 한국 군대와 선교단체에서 성서강독을 담당하여 진행하기도 했으며, 이와 함께 서울국제학교의 임원장으로 봉사하기도 했다.[1] 1962-1970년에는 선명회 어린이병원 이사로도 봉직했다.

---

[1] 미국 애스버리 대학의 동문회 소식 페이지에 그들 부부의 소식을 싣고 있다. "Drs. J.B. '55 and Elizabeth Shipps' 53 Crouse – 2000 A Award Recipients," https://www.asbury.edu/alumni/alumni-office/alumni-awards/jb-elizabeth-crouse.

엘리노어 피어슨
Eleanore(Eleanor) J. Pierson

재직년 미상
생몰년 미상
소 속 복음주의동맹(The Evangelical Alliance Mission)
한국명 피일선

미국 출신 선교사로 시카고에 있는 노스파크주니어칼리지(North Park Junior College, 현 North Park University)를 졸업했고, 3년 동안 웨스트서버번병원(West Suburban Hospital)에서 수련했다. 1952년 6월에 일리노이주에 있는 위튼칼리지(Wheaton College)에서 학위를 받았고, 2년 동안 로스엔젤레스에 있는 비올라성경학교(Biola Bible Institute)에 다녔다. 세브란스 재직년도는 명확하지 않으나, 간호부에 재직했고 실무교육 강사로 근무했다.[1]

---

1 그녀를 소개하는 신문기사에는 Eleanor로 되어 있다. *Suburbanite Ecomonist*(Chicago, Illinois) 신문의 1955년 1월 9일자 16면 참고.

매리언 커렌트

Marion E. Current

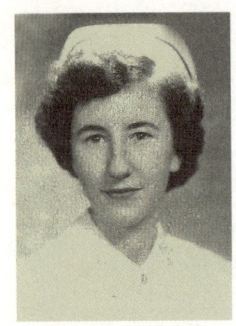

재직년 1960-1981
생몰년 1932-2013
소 속 캐나다연합교회(UCC)
한국명 구애련

1932년 캐나다 온타리오주에서 태어났다. 1954년 토론토대학교에서 물리치료학과 작업치료학을 전공했다. 1959년 캐나다연합교회에서 한국 기독교장로회로 파송되었고 1997년까지 37년간 한국에 머물렀다. 한국에서는 연세대학교 세브란스병원에서 물리치료사로 22년을 재직했으며, 1981년부터 1997년 은퇴할 때까지는 연세대학교 보건학과 및 보건과학대학 교수를 지냈다. 커렌트가 세브란스에서 처음 근무할 당시에는 병원에 물리치료사가 20명도 되지 않았으며, 국내에 물리치료사 양성과정도 없는 등 물리치료 여건이 열악한 상황이었다. 이에 1960년대 세브란스병원에 의학기술수련원생을 모집해 물리치료학을 강의하며 한국 물리치료학 교육을 개척했으며, 보건학과 재직 중에는 물리치료학 4년 과정을 만드는 데 큰 공헌을 했다. 또한 인혁당사건을 계기로 여러 나라의 선교사들과 모임을 결성, 한국의 정치 현실에 대한 정보를 나누고 해외에 알리는 활동을 하는 등 한국의 정치와 인권 현실의 개선에도 기여했다.

1996년 물리치료학 발전을 위해 노력한 공로를 인정받아 보건복지부장관 표창장을 받았으며, 2005년에는 국제 보건에 기여한 공로로 캐나다 물리치료사협회 국제보건상을 수상했다. 1997년 3월 캐나다 토론토로 돌아간 이후에도 현지의 한인교회에서 활동하고, 2년에 한 차례씩 내한했으며, 한국에 파견된 여성 선교사들에 관한 저술 작업과 남북한 통일을 위한 인권운동에 참여하는 등 한국과의 인연을 이어나갔다. 2013년 11월 18일 토론토에서 별세했다. 사후인 2016년 12월, 그녀의 뜻에 따라 유산 중 일부가 연세대학교에 기부되었다. 공저에 『시대를 지킨 양심 – 한국 민주화와 인권을 위해 나선 월요모임 선교사들의 이야기』(민주화운동기념사업회, 2007)가 있다.[1]

---

[1] 이 책은 영역본으로도 출간되었다. *More than Witnesses: How a Small Group of Missionaries Aided Korea's Democratic Revolution*, eds. by Jim Stentzel(Nightengale Press, 2008); 「[인터뷰] 매리언 커렌트(구애련) 전 연대 교수」, 『미주중앙일보(*The Korea Daily*)』(2007. 6. 13.); Deaconess History of the United Church of Canada 홈페이지, http://uccdeaconesshistory.ca/list/by-school/marioncurrent(검색일: 2018. 2. 26.).

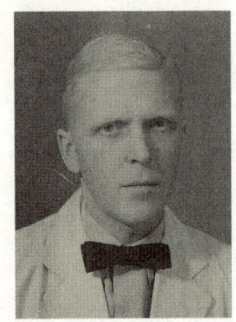

커틀랜드 로빈슨

Courtland Robinson

재직년 1960-1971
생몰년 미상
소 속 미연합장로회
한국명 로고덕

커틀랜드 로빈슨은 미연합장로회 소속 선교사로 1960년 6월에 내한하여 연세대학교 의과대학 산부인과학교실에 강사로 부임했다. 이후 그는 1963년에 조교수가 되었고, 1966년에 부교수이자 산부인과학교실의 주임교수로 승진했다. 근무 기간에 그는 미국 선교부에서 연구비를 지원받아서 지역사회복지 사업을 전개했는데, 대표적으로 가정분만서비스센터를 연희동에 설치하여 가정 분만을 지도했다. 이어서 그는 1968년 미국인구협의회(Population Council)의 지원을 받아서 경구피임약 복용자의 탄수화물 대사에 관한 연구에 착수했으나, 마무리하지는 못하고 1971년 8월 미국으로 돌아갔다.[1]

---

1 연세대학교 의과대학 산부인과학교실,『연세대학교 의과대학 산부인과학교실사』(서울: 구문사, 1984).

마크 리첼슨

Mark Richelsen

재직년 1963-1964
생몰년 미상
소 속 미연합감리회

미연합감리회 소속 선교사로 내한하여 세브란스병원에서 공영부 부장으로 1963년부터 1964년까지 근무했다.

찰스 크리스티안슨

Charles S. Christianson

재직년 1964-미상
생몰년 미상
소 속 불명

1964년 11월부터 내과학의 외래교수로 근무했다.

릴라 존스턴

Lela Mae Johnston

재직년 1965-미상
생몰년 1930-2016
소 속 미북감리회
한국명 조순탄

1930년 3월 31일 미국 오리건주 힐즈버러(Hillsboro)에서 태어났다. 일리노이주 로렌스카운티기념병원(Lawrence County Memorial Hospital) 등지에서 물리치료사로 일했다. 선교사로 한국에 부임하여 17년 동안 머물렀으며, 1965년부터는 세브란스병원에서 물리치료사로 근무했다. 2016년 3월 27일 미국 노스캐롤라이나주 애슈빌(Asheville)에서 별세했다.[1]

---

1 『의학백년』에는 한국명이 조순란으로 되어 있고, 『내한선교사총람』에는 조순탄으로 되어 있다. Johnston의 발음에 가까운 조순탄으로 옮겼다.

프란시스코 로크

Francisco T. Roque

재직년 1965-미상
생몰년 미상
소 속 불명

1965년부터 내과학의 외래교수로 근무했다.

프레데릭 베일리스

Frederick M. Bayliss

재직년 1965-1972
생몰년 1928-2016
소 속 캐나다연합교회(UCC)
한국명 배리수

회계사이자 캐나다연합교회의 목사였다. 선교사가 되어 내한했고 한국장로교회의 동역자가 되었다. 1965년부터 1972년까지 연세의료원에서 행정고문이자 감사를 맡았는데, 주로 회계 관련 업무에 종사한 것으로 보인다. 캐나다로 돌아간 후에는 교회 본부에서 근무했고, 세계봉사국 사무국장(General Secretary of the Division of World Outreach)을 역임했다. 2016년 9월 27일 별세했다.

수잔 존슨

Susan Beth Johnson

재직년 1967-1970
생몰년 1941-미상
소 속 미북감리회

미북감리회 소속 선교사로 미국 미네소타주에서 출생한 것이 확인된다. 1967년 1월에 내한했고, 1967년 7월부터 1970년 4월까지 세브란스병원 간호원으로 근무하다가 1970년 5월에 귀국했다.

존 샌팅가

John T. Santinga

재직년 1968-미상
소 속 미연합장로회

미연합장로회 소속 선교사로 1966년 내한하여 1970년까지 머물렀다. 1968년 3월부터 연세의대 내과학 조교수로 근무했다.

루스 해리스

Ruth C. Harris

재직년 1968-미상
생몰년 미상
소 속 불명

1968년부터 소아과의 외래교수로 근무했다. 한국에 체류할 당시 홀트입양기관(Holt Adoption Agency)에서 컨설턴트로 일했다.[1]

---

1 http://pediatrics.aappublications.org/content/122/3/679.1.

리타 스티즈

Rita B. Steeds

재직년 1969-1972
생몰년 1918-미상
소 속 불명

1918년 캐나다 서스캐처원주 요크턴(Yorkton)에서 태어났다. 서스캐처원주 리지나(Regina)의 직업대학에 다녔다. 1938년에서 1955년 사이에는 회계 관련 업무에 종사했다. 1962년 의료기록 사서가 되기 위한 교육을 마친 후 1962년부터 1964년까지 오타와시민병원(Ottawa Civic Hospital)과 영국 런던에 있는 왕립국가정형외과병원(Royal National Orthopedic Hospital)에서 의학기록 사서로 근무했고, 1964년부터 1969년까지는 온타리오주 킹스턴에 있는 킹스턴종합병원(Kingston General Hospital)의 의료기록부 책임자로 근무했다.

    1969년 내한하여 1972년 말까지 세브란스병원 의무기록실 실장으로 근무했다. 이후로도 필리핀 네그로스(Negros)섬의 실리만대학교의료원(Silliman University Medical Center)에서는 컨설턴트로, 캐나다 브리티시컬럼비아주 헤이즐턴(Hazelton)에 있는 린치기념병원(Wrinch Memorial Hospital)에서는 의료기록 담당 책임자로 일했다. 자서전으로 *Woman Not Alone*이 있다.[1]

---

[1] 리타 스티즈의 약력은 브리티시 컬럼비아대학 인류학 박물관(Museum of Anthropology at the University of British Columbia) 홈페이지에 게시되어 있는 다음 자료를 참조했다. http://moa.ubc.ca/wp-content/uploads/Resources-asian_cultural_materials_guide.pdf(검색일: 2018. 2. 26.).
리타 스티즈의 자서전을 인용한 책에 따르면, 스티즈는 자신의 내한 시점을 1970년으로 기억하고 있다. Ruth Compton Brouwer, *Modern Women Modernizing Men* (Vancouver: UBC Press, 2002), p.163.

도로티어 사이치

Dorothea Sich

재직년 1972-1978
생몰년 미상
소 속 미남장로회

도로티어 사이치는 미남장로회 소속의 선교의사로, 연세대학교 의과대학 예방의학교실에서 1972년 11월부터 1978년 9월까지 근무했다. 모자보건사업과 가족계획사업에 적극적으로 활동했다.[1]

---

1 연세대학교 의과대학 예방의학교실 편, 『연세 위생학, 예방의학 및 보건학 120년』(서울: 연세대학교 의과대학 예방의학교실, 2005).

루스 스튜어트
Ruth G. Stewart

재직년 1972-1979
생몰년 1930-미상
소 속 미연합감리회
한국명 서여수

루스 스튜어트는 1930년 1월 미국 캘리포니아주에서 출생했다. 캘리포니아대학교(University of California)를 거쳐 버클리대학(U.C. Berkeley)에 입학하여 공중위생학 분야에서 박사학위를 취득했다. 이후 그녀는 1955년 9월 미연합감리회 소속의 선교사로 한국을 방문했다. 내한 직후 이화여자대학교와 관동대학교 등에서 강의했으며, 1972년 8월 연세대학교 의과대학 예방의학교실에 조교수로 부임하여 1979년까지 근무했다.

한국에 머무는 동안 그녀는 강릉과 부산을 중심으로 공중위생사업을 전개했다. 스튜어트는 의학뿐 아니라 문학에도 재능이 있어서, 한국에서의 경험을 바탕으로 *Under the Snow the Bamboo Shines: Stories of Korea*(1973), *Wind and*

Bone(1980) 등의 소설을 출판했다. 이 중 전자는 한글로 번역되어 『토담에 그린 수채화』라는 제목으로 2002년에 출판되었다.[1]

---

[1] 루드 스튜어트 지음, 서지문 옮김, 『토담에 그린 수채화』(서울: 이룸, 2002).

키트 존슨

Kit G. Johnson

재직년 1972
생몰년 미상
소 속 미연합장로회

키트 존슨은 미연합장로회 소속 선교의사로, 존스홉킨스보건대학원에서 석사학위를 취득하고 내한하여 거제도와 연세대학교에서 반년씩 근무했다. 그는 한국에 지역사회의학 개념을 도입하고 일차보건의료를 확산하는 데 공헌했다. 그 일환으로 존슨은 선교부의 지원을 받아서 세브란스병원 출신의 한국인 의사들을 동남아시아 지역에 파견하여 그곳에서 시행되는 지역사회의학사업을 시찰하도록 했다. 나아가 그는 의과대학교육협의회에서 지역사회의학교육에 관한 의학교육세미나를 개최하도록 촉구하고 지원했으며, 거제도에서 지역사회의학사업을 추진하고 이후 그것을 부산대학교 의과대학에 승계하도록 했다.

윌리엄 베이싱어
William A. Basinger

재직년 1974-미상
생몰년 1928-2014
소 속 미연합장로회

드레이크대학교(Drake University)를 졸업하고, 아이오와대학교(University of Iowa)에서 석사학위를 받았다. 한국전쟁 중에 미국 해군 위생병으로 복무했다. 해군에서의 경험을 바탕으로 미연합장로회 의료선교사가 되어 일본에서 6년, 한국에서 6년간 복무했다. 1974년 9월부터는 연세의료원 재활원에서 직업재활상담 업무에 종사했다. 미국으로 돌아간 이후에도 직업재활상담과 관련된 업무에 계속 종사한 것으로 보인다. 2014년 5월 30일 86세의 일기로 별세했다.[1]

---

1 "Orbituary-William Adam "Bill" Basinger," Des Moines Register https://www.legacy.com/obituaries/desmoinesregister/obituary.aspx?n=william-adam-basinger-bill&pid=171189228.

클리프턴 한나

Clifton A. Hanna

재직년 1974-미상
생몰년 미상
소 속 동양선교회-성결교회(OMS)

동양선교회-성결교회(OMS) 소속 선교사로 1974년 11월부터 연세대학교 치과대학 학장 고문을 담당했다.

세브란스 선교사 일람표

선교사	한국명	생몰년도	재직년도	소속
호러스 알렌 (Horace N. Allen)	안련 (安連)	1858-1932	1884-1887	미북장로회
윌리엄 스크랜턴 (William Benton Scranton)	시란돈 (施蘭敦)	1856-1922	1885	미북감리회
존 헤론 (John. W. Heron)	헤론 (惠論)	1856-1890	1885-1890	미북장로회
호러스 언더우드 (Horace G. Underwood)	원두우 (元杜尤)	1859-1916	1885-1886	미북장로회
애니 엘러스 (Annie J. Ellers)		1860-1938	1886-1887	미북장로회, 미북감리회
릴리어스 언더우드 (Lillias S. Horton Underwood)	호돈 (好敦)	1851-1921	1888-1889	미북장로회
로버트 하디 (Robert A. Hardie)	하리영 (河鯉泳)	1865-1949	1891, 1897-1899	캐나다장로회
찰스 빈튼 (Charles C. Vinton)	빈돈 (賓敦, 賓頓)	1856-1936	1891-1893	미북장로회
올리버 에비슨 (Oliver R. Avison)	어비신 (魚丕信)	1860-1956	1893-1934	미북장로회
찰스 어빈 (Charles H. Irvin)	어을빈 (魚乙彬)	1862-1933	1893-1894	미북장로회
애나 제이콥슨 (Anna P. Jacobson)		1868-1897	1895-1897	미북장로회
조지아나 화이팅 (Georgiana E. Whiting)		1869-1952	1895-1897	미북장로회 및 미남장로회
하딩 (D. W. Harding)		미상	1895-1897	불명

선교사	한국명	생몰년도	재직년도	소속
에바 필드 (Eva H. Field Pieters)	필 (弼)	1868-1932	1897-1904	미북장로회
에스더 쉴즈 (Esther L. Shields)	수일사 (秀日斯)	1868-1940	1897-1938	미북장로회
메리 피시 (Mary Alice Fish, Mrs. Samuel Austin Moffett)		1870-1912	1899-1900	미북장로회
알프레드 샤록스 (Alfred M. Sharrocks)	사락수 (謝樂秀)	미상-1919	1899-미상, 1917-1919	미북장로회
제시 허스트 (Jesse Watson Hirst)	허시태 (許時泰), 허제 (許濟)	1864-1952	1904-1934	미북장로회
리드 (W. T. Reid)		미상	1908-1910	미남감리회
엘라 버피 (Ella B. Burpee)		미상	1908-1910	미북장로회
더글라스 폴웰 (E. Douglas Follwell)	보월	미상	1908-1910	미북감리회
휴 와이어 (Hugh H. Weir)		미상	1908-1914	영국성공회
앨빈 앤더슨 (Albin Garfield Anderson)	안도선 (安道善)	1882-1971	1912-1921	미감리회
알프레드 러들로 (Alfred Irving Ludlow)		1875-1961	1912-1938	미북장로회
휴 커렐 (Hugh Currell)	거열휴 (巨烈烋)	1871-1943	1912-1914	호주장로회

선교사	한국명	생몰년도	재직년도	소속
랄프 밀즈 (Ralph G. Mills)		1884-1944	1913-1916	미북장로회
바우만 (N. H. Bowman)		미상	1913-1916	미남감리회
제임스 반버스커크 (James Dale Van Buskirk)	반복기 (潘福基)	1881-1969	1913-1933	미북감리회
아서 노튼 (Arthur Holmes Norton)	노돈 (魯敦)	1877-1958	1913-1928	미감리회
찰스 맥라렌 (Charles I. McLaren)	마라연 (馬羅連)	1882-1957	1913-1938	호주장로회
윌리엄 셰플리 (William J. Scheifley)		1892-1958	1915-1920	미북장로회
케이틀린 에스텝 (Kathlyn M. Esteb)	예사탑 (芮思塔)	1880-1960	1915-1922	미북장로회
토마스 다니엘 (Thomas Henry Daniel)	단의열	미상	1916-1918	미남장로회
로이 리딩엄 (Roy Samuel Leadingham)	한삼열 (韓三悅)	미상	1917-1918	미남장로회
쿡 (E. D. Cook)		미상	1917-1918	미남장로회
프랭크 스타이츠 (Frank M. Stites)		미상	1918-1923	미남감리회
허버트 오웬스 (Herbert T. Owens)		1882-1958	1918-1933	미북장로회
토마스 맨스필드 (Thomas D. Mansfield)		미상	1920-1926	캐나다장로회

선교사	한국명	생몰년도	재직년도	소속
아치볼트 플레처 (Archibald Grey Fletcher)		1882-1970	1920-미상	미북장로회
에드나 로렌스 (Edna M. Lawrence)	노연사 (盧連史)	1894-1973	1920-1940	미북장로회
브러프 (W. C. Bruff)		미상	1921-1923	미남장로회
올리버 맬컴슨 (Oliver K. Malcolmson)		미상	1921-1922	미북장로회
윌리엄 케이트 (William Robert Cate)	계이덕 (桂以德)	1893-1973	1921-1926	미남감리회
존 맥안리스 (John Albert McAnlis)		1897-1979	1921-1941	불명
존 부츠 (John Leslie Boots)		1894-1983	1921-1939	불명
플로렌스 맥인리스 (Florence Guthrie McAnlis)		미상	1921- 1930년대	미북장로회
클라렌스 홉커크 (Clarence C. Hopkirk)		1885-1954	1921-1922	미북장로회
마벨 영 (Mabel B. Young)		1883-1935	1922-1935	캐나다장로회
테일러 (J. E. Rex Taylor)		미상	1922-1926	미북장로회
더글러스 에비슨 (Douglas Bray Avison)		1893-1954	1923-1940	미북장로회
노먼 파운드 (Norman Found)	방은두 (方恩斗)	미상-1971	1927-1935	미북감리회

선교사	한국명	생몰년도	재직년도	소속
스탠리 마틴 (Stanley H. Martin)	민산해 (閔山海)	1890-1941	1927-1940	캐나다장로회
에밀리 스탠든 (Emily V. Standen)		미상	1930-1935년 전후	불명
모드 넬슨 (Maude I. Nelson)		미상	1931(추정)-1937(추정)	미남감리회
테레사 러들로 (Theresa E. Lange Ludlow)		1879-1938	미상-1938	미북장로회
넬리 홀드크로프트 (Nellie Ciwan Holdcroft)		미상	미상-1930년대	미북장로회
얼 앤더슨 (Earl Willis Anderson)	안열(安烈)	1879-1960	1933-1940	미남감리회
알렉산더 피터스 (Alexander Albert Pieters)	피득(彼得)	1872-1958	1940	미성서공회, 영성서공회 및 미북장로회
블라 번스 (Beulah V. Bourns)	김은수 (金銀水), 보은수 (普恩授)	1906-1990	1948-1974	캐나다연합선교회(UCC)
플로렌스 머레이 (Florence Jessie Murray)	모례리 (慕禮理)	1894-1975	1948-1955, 1964-1969	캐나다장로회
델마 모 (Thelma Bridges Maw)	모우숙 (毛優淑)	1916-2005	1949-1982	미북감리회, 미연합감리회
프레드 만제 (Fred Prosper Manget)		1880-1979	1950년 전후	미북감리회, 미연합감리회
에이다 샌들 (Ada Sandell)		1896-미상	1950년대 초	캐나다연합교회(UCC)

선교사	한국명	생몰년도	재직년도	소속
페이스 휘태커 (Faith Whitaker)		1925-2012	1952-1957	미북감리회
이안 롭 (Ian S. Robb)	업요한	1916-2005	1953-1963, 1965-1981	캐나다연합 교회(UCC)
어니스트 스트러더스 (Ernest. B. Struthers)		1886-1977	1954-1958	캐나다연합 교회(UCC)
어니스트 와이스 (Ernest Walter Weiss)		1908-1984	1955-1975	미북감리회, 미연합감리회
힐다 와이스 (Hilda Seiter Weiss)		1915-2013	1955-1975	미북감리회, 미연합감리회
존 버제스 (John Burgess)		미상	1956-1959	교회세계 봉사회(CWS)
로버트 릭스 (Robert G. Riggs)	이라복	1919-2008	1956-1967	미북감리회
로버타 라이스 (Roberta G. Rice)	노옥자	1917-2014	1956-1975	미북감리회
매리안 킹슬리 (Marian Ethel Kingsley)	왕매련	1927-2007	1957-1992	미북감리회
애나 스캇 (Anna Bicksler Scott)		1917-2010	1958-1963	미북장로회
케네스 스캇 (Kenneth Munro Scott)		1916-2014	1958-1963	미북장로회
리만 헤일 (Lyman L. Hale Jr.)	하일만 (河一萬)	1921-2019	1959-1984	미북감리회
엘리자베스 크라우스 (Elizabeth Shipps Crouse)		1931-미상	1959-1985	동양선교회 (OMS)

선교사	한국명	생몰년도	재직년도	소속
엘리노어 피어슨 (Eleanore J. Pierson)	피일선	미상	미상	복음주의 동맹(The Evangelical Alliance Mission)
매리언 커렌트 (Marion E. Current)	구애련	1932-2013	1960-1981	캐나다연합교회(UCC)
커틀랜드 로빈슨 (Courtland Robinson)	로고덕	미상	1960-1971	미연합장로회
마크 리첼슨 (Mark Richelsen)		미상	1963-1964	미연합감리회
찰스 크리스티안슨 (Charles S. Christianson)		미상	1964-미상	불명
릴라 존스턴 (Lela Mae Johnston)	조순탄	1930-2016	1965-미상	미북감리회
프란시스코 로크 (Francisco T. Roque)		미상	1965-미상	불명
프레데릭 베일리스 (Frederick M. Bayliss)	배리수	1928-2016	1965-1972	캐나다연합교회(UCC)
수잔 존슨 (Susan Beth Johnson)		1941-미상	1967-1970	미북감리회
존 샌팅가 (John T. Santinga)		미상	1968-미상	미연합장로회
루스 해리스 (Ruth C. Harris)		미상	1968-미상	불명
리타 스티즈 (Rita B. Steeds)		1918-미상	1969-1972	불명

선교사	한국명	생몰년도	재직년도	소속
도로티어 사이치 (Dorothea Sich)		미상	1972-1978	미남장로회
루스 스튜어트 (Ruth G. Stewart)	서여수	1930-미상	1972-1979	미연합감리회
키트 존슨 (Kit G. Johnson)		미상	1972	미연합장로회
윌리엄 베이싱어 (William A. Basinger)		1928-2014	1974-미상	미연합장로회
클리프턴 한나 (Clifton A. Hanna)		미상	1974-미상	동양선교회- 성결교회 (OMS)

참고문헌

세브란스 선교사 저술

Horace N. Allen, *Korean Tales*(New York & London: G. P. Putnam's Sons, 1889).

Horace N. Allen, *A Chronological Index*(Seoul, 1901).

Horace N. Allen, *Things Korean: a collection of sketches and anecdotes, missionary and diplomatic*(New York; Chicago [etc.]: Fleming H. Revell: 1908).
윤후남 옮김, 『알렌의 조선 체류기』(서울: 예영커뮤니케이션, 1996).
신복룡 역주, 『조선견문기』(서울: 집문당, 1999).

Lillias S. Horton Underwood, *Fifteen Years among the Top-knots -Life in Korea*(Boston: American Tract Society, 1904).
김철 옮김, 『언더우드 부인의 조선 견문록』(서울: 이숲, 2008).

Lillias S. Horton Underwood, *With Tommy Tompkins in Korea, Underwood of Korea*(New York: Fleming H. Revell Co., 1905).

찰스 빈튼 지음, 김인수 옮김, 『빈튼 의사의 선교편지: 1891-1899』(서울: 쿰란, 2015).

N. H. Bowman, "The History of Korean Medicine," *Transaction of the Korea Branch of the Royal Asiatic Society* vol.5 no.2 (Seoul: Royal Asiatic Society Korea Branch, 1915).

James Dale Van Buskirk, *Korea, Land of the Dawn*(New York: Missionary Education Movement of the United States and Canada, 1931).

반버스커크, 『건강생활』(조선예수교서회, 1929).

Charles I. McLaren, *Eleven Weeks in a Japanese Police Cell* (Melbourne: Foreign Mission Committee, Presbyterian Church of Victoria, 1942).

W. R. Cate, "Medical Work in Severance Hospital and Clinic," *Korea Mission Field*, 21-10, (1925).

클라렌스 홉커크, 『공창의 해독』(조선야소교서회, 1925).

Florence J. Murray, *At the foot of Dragon Hill*(New York: E. P. Dutton & Company, Inc., 1975).

김동열 옮김, 『내가 사랑한 조선』(서울: 두란노, 2009).

Florence J. Murray, *Return to Korea* (Essence Publishing, 1999).

박광화 외 옮김, 『리턴 투 코리아: 머레이 선교사의 의료선교 이야기』(서울: 대한기독교서회, 2005).

Ernest B Struthers, *A Doctor Remembers: Days in China and Korea*(Unknown Binding, 1976).

Kenneth M. Scott, *Around the World in Eighty Years*(Franklin: Providence House Publishers, 1998).

Hilda Seiter Weiss, *Hilda's Book: Faithful to the End*.

원서는 http://pitts.emory.edu/files/Documents/HILDAsbook.pdf(에모리대학 Pitts Theology Library 제공).

엘리자베스 베티 리처드슨 엮음, 안종희 옮김, 『의료선교사 와이스 부부의 헌신』(서울: 청년의사, 2010).

Ruth G. Stewart, *Under the Snow the Bamboo Shines: Stories of Korea*(Seoul: Taewon Pub. Co., 1973).

서지문 옮김, 『煙氣의 그림자: 한국의 이야기』(서울: 을유문화사, 1975).
서지문 옮김, 『토담에 그린 수채화』(서울: 이룸, 2002).

Ruth G. Stewart, *Wind and Bone*(Seoul, 1980).

메리언 커런트(Marion E. Current), 「새날이 밝았다」, 『시대를 지킨 양심 - 한국 민주화와 인권을 위해 나선 월요모임 선교사들의 이야기』(민주화운동기념사업회, 2007).

세브란스연합의학전문학교 발간 자료

「창립초대구직원」, 세브란스연합의학전문학교교우회 편, 『校友會員住所及名簿』(서울: 世富蘭偲聯合醫學專門學校校友會, 1934).
Catalogue Severance Union Medical College.
『セブランス聯合醫學專門學校一覽』(1931).
『세브란스교우회보』.
   연세의대 의사학과·동은의학박물관 편, 『세브란스교우회보』(역사공간, 2016).

선교 관련 저널

The China Medical Journal.
The Korea Mission Field.
The Korea Repository.
Methodist Episcopal Church ed., "Minutes of the Korea Annual Conference" 6th-8th Session(Seoul: Methodist Episcopal Church, 1913-1915).

단행본

김승태·박혜진 엮음, 『내한선교사총람』(서울: 한국기독교역사연구소, 1994).
박형우, 『제중원』(몸과 마음, 2002).
박형우, 『세브란스와 한국의료의 여명』(서울: 청년의사, 2006).
박형우, 『한국근대서양의학교육사』(서울: 청년의사, 2008).

박형우, 『연세대학교 의과대학의 연구 역사』(연세대학교 대학출판문화원, 2014).

세실 허지스 외 지음, 안교성 옮김, 『영국성공회 선교사의 눈에 비친 한국인의 신앙과 풍속』(서울: 살림, 2011).

신규환·박윤재 지음, 『제중원 세브란스 이야기』(역사공간, 2015).

여인석·신규환 지음, 『제중원 뿌리논쟁』(역사공간, 2015).

여인석 옮김, 『알렌의 의료보고서』(역사공간, 2016).

이유복, 『알프레드 어빙 러들로의 생애: 동양 최고의 외과의사』(서울: 연세대학교 출판부, 2000).

이재정, 『대한성공회 백년사(1890-1990)』(서울: 대한성공회출판부, 1990).

이주영, 『이승만 평전』(서울: 살림, 2014).

허정, 『알렌과 제중원 의사들』(서울: 디자인나눔, 2012).

연세대학교 의학사연구소 편, 『동아시아 역사 속의 의사들』(역사공간, 2015).

연세대학교 의학사연구소 편, 『동아시아 역사 속의 선교병원』(역사공간, 2015).

연세대학교 의학사연구소 편, 『한국 근대의학의 탄생과 국가』(역사공간, 2016).

연세대학교 의학사연구소 편, 『제중원 130년과 근대의학』(역사공간, 2016).

연세대학교 의학사연구소 편, 『한국 근대의학의 기원, 연세』(역사공간, 2016).

연세대학교 의학사연구소 편, 『세브란스인의 스승, 스코필드』(역사공간, 2016).

Tom Prince, *History of the Eddyville United Methodist Church* (Louisville: Horsehead publishing, 1997).

논문

김동건·김태수, 「제중원 2대 원장 헤론(John W. Heron M. D.)의 생애」, 『의사학』 9-2, (2000).
김성연, 「식민지 시기 기독교계의 의학 지식 형성: 세브란스 의전 교수 반 버스커크의 출판 활동을 중심으로」, 『동방학지』 171, (2015).
문백란, 「제중원 운영권 이관문제 검토 - 선교자료를 중심으로」, 『동방학지』 177, (2016).
민성길, 「맥라렌 교수(1): 그의 생애와 의학철학」, 『신경정신의학』 50-3, (2011).
박형우, 「올리버 알 에비슨의 생애」, 『연세의사학』 13-1, (2010).
박형우, 「헤론의 생애와 내한 과정에 대한 고찰」, 『한국기독교와 역사』 42, (2015).
박형우, 「미국 북장로회 선교사 호러스 G. 언더우드의 내한에 관한 연구」, 『동방학지』 170, (2015).
여인석, 「세브란스의전 연구부의 의학연구 활동」, 『의사학』 13-2, (2004).
여인석, 「세브란스 정신과의 설립과정과 인도주의적 치료전통의 형성: 맥라렌과 이중철의 활동을 중심으로」, 『의사학』 17-1, (2008).
여인석, 「에비슨의 사상」, 『연세의사학』 13-2, (2010).
여인석, 「연세합동과 의료원 체제 이후의 선교활동(1957-1993)」, 『연세의사학』 37, (2015).

유형식, 「한국 방사선의학 발전사(1910-1945)」, 『대한영상의학회지』 71-6, (2014).

이선호, 「올리버 알 에비슨(Oliver R. Avison)의 플레처 계획에 대한 연구」, 『한국기독교신학논총』 77-1, (2011).

이선호·박형우, 「올리버 알 에비슨(Oliver R. Avison)의 의료선교사 지원과 내한 과정」, 『역사와경계』 84, (2012).

이영식, 「올리버 R. 에비슨의 생애와 한국에서의 선교활동」, 『역사신학논총』 28, (2015).

이정열·조윤희·고지숙·김정애, 「연세간호를 태동시킨 외국 선교사들」, 『한국간호교육학회지』 17-10, (2011).

이주연, 「미국선교치과의사 셰플리와 세브란스연합의학교 치과학교실 개설의 역사적 의의」, 『대한치과의사협회지』 53-11, (2015).

정운형, 「호러스 G. 언더우드의 선교지 결정과 출발」, 『동방학지』 175, (2016).

정원길, 「미국북장로교회의 경남선교와 경남서북지방 교회설립」, 고신대학교 석사학위논문, (2015).

김승태, 「캐나다 장로회의 의료선교: 용정 제창병원을 중심으로」, 『연세의사학』 14-2, (2011).

신규환, 「나라의 독립과 발전 위해 평생을 바친 송춘근」, 『세브란스병원』(2017. 1.).

王淼, 「孟杰与民国时期湖州福音医院研究」, 『湖州师范学院学报』(2017年9期).

L. M. Smith, "Korean Nurse-Then and Now," *Korea Mission Field* 36-3, (1940. 3.).

Georgie D. M. Hyde, "Health and Social Affairs," *South Korea:*

Education, Culture and Economy(London: The Macmillan Press Ltd., 1988).

교사 및 교실사(발행년 순)

연세대학교 의과대학 산부인과학교실,『연세대학교 의과대학 산부인과학교실사』(서울: 구문사, 1984).
연세대학교 의과대학,『의학백년』(서울: 연세대학교 출판부, 1986).
연세대학교 의과대학 소아과학교실,『연세대학교 의과대학 소아과학교실 팔십오년사(1913-1998)』(서울: 연세대학교 의과대학 소아과학교실, 1998).
연세대학교 의과대학 외과학교실,『연세대학교 의과대학 외과학교실 115년사』(서울: 연세대학교 의과대학 외과학교실사 편찬위원회, 2000).
연세대학교 의과대학 예방의학교실,『연세 위생학, 예방의학 및 보건학 120년』(서울: 연세대학교 출판부, 2005).
연세대학교 의과대학 정형외과학교실,『연세 의과대학 정형외과 60주년』(서울: 연세대학교 의과대학 정형외과학교실, 2014).
연세대학교 의과대학 내과학교실,『연세대학교 의과대학 내과학교실사』(서울: 연세대학교 의과대학 내과학교실, 2015).
연세대학교 치과대학 편,『연세 치의학 100년사』(서울: 연세대학교 대학출판문화원, 2015).
연세대학교 의과대학 피부과학교실,『연세대학교 의과대학 피부과학교실 100년사(1917-2017)』(군자출판사, 2017).

신문 및 잡지

「첫 여성 의료선교사, 애니 엘러스」, 『국민일보』(2015. 11. 9.-12. 28.).
「머레이(Florence J. Murray, 1894-1975)」, 『크리스찬저널』(2011. 8. 5.-2013. 6. 22.).
「『장애아의 지팡이』로 반평생-33년 만에 한국 떠나는 「벽면의 모우숙 할머니」」, 『중앙일보』(1982. 4. 20.).
「제2의 고향은 한국, 우리기관의 선교사들-마우 선교사」, 『원주기독병원소식』(2009. 12.).
「매리언 커렌트(구애련) 전 연대 교수」, 『미주중앙일보(The Korea Daily)』(2007. 6. 13.).

인터넷 자료

History of the United Church of Canada 홈페이지. http://uccdeaconesshistory.ca/list/by-school/marion-current.
"Norman Found," Yale University Divinity School Library. http://drs.library.yale.edu/HLTransformer/HLTransServlet?stylename=yul.ead2002.xhtml.xsl&pid=divinity:030&query=&clear-stylesheet-cache=yes&hlon=yes&big=&adv=&filter=&hitPageStart=&sortFields=&view=c01_1#ref585.
Dalhousie University Libraries 홈페이지의 Florence J. Murray 약력. http://findingaids.library.dal.ca/murray-florence-j-1894-1975.
위키피디아 Fred Prosper Manget 항목. http://en.wikipedia.org/

wiki/Fred_Manget.

대한영상의학회 홈페이지의 학회 소개 중 연혁. http://www.radiology.or.kr/about/?subid=2&dbg=2&rtab=3&ptab=1&stab=1&content=1.

케네스 스캇의 인도에서의 활동에 대한 인터넷 매체 Total Life Journal의 기사. http://totallifenow.typepad.com/total_life_now_forever/2014/04/dr-kenneth-m-scott-missionary-to-india.html.

에일린 모펫(Eileen F. Moffett)[1]이 작성한 사무엘 오스틴 모펫(Samuel Austin Moffett)의 연대기. http://koreanchristianity.cdh.ucla.edu/images/stories/moffett_chronology.pdf.

"United Presbyterian Church in the U.S.A. Commission on Ecumenical Mission and Relations Secretaries' Files: Korea Mission," Pearl Digital Collections. https://digital.history.pcusa.org/islandora/object/islandora%3A46746.

한국사데이터베이스. http://db.history.go.kr.

밴더빌트대학교 도서관 홈페이지의 "William Robert Cate Biographical File." https://www.library.vanderbilt.edu/biomedical/sc_diglib/archColl/411.html.

에모리대학교 아카이브의 "Fred Prosper Manget Papers." http://pitts.emory.edu/archives/text/mss362.html.

시라쿠스대학교(Syracuse University) 도서관의 스페셜 컬렉션의 매리언 킹슬리의 편지.[2] https://library.syr.edu/digital/guides/k/kingsley_m.htm.

예일대학교 도서관의 "Guide to the Lyman and Sadie Hale Papers -

RG 147." http://drs.library.yale.edu/HLTransformer/HLTrans Servlet?stylename=yul.ead2002.xhtml.xsl&pid=divinity:147&clear-stylesheet-cache=yes.

브리티시컬럼비아대학교 인류학박물관(Museum of Anthropology at the University of British Columbia) 홈페이지의 아시아 문화 자료 가이드북의 리타 스티즈 약력. http://moa.ubc.ca/wp-content/uploads/Resources-asian_cultural_materials_guide.pdf.

---

1 에일린 모펫(Eileen F. Moffett)은 사무엘 오스틴 모펫(Samuel Austin Moffett)과 메리 피시(Mary Alice Fish, Mrs. Samuel Austin Moffett)의 아들이자 저명한 신학 연구자인 사무엘 휴 모펫(Samuel Hugh Moffett, 1916-2015)의 부인이다.
2 이 자료명에는 그녀의 이름을 Marian Kingsley가 아닌 Marion Kingsley로 표기되었다.

찾아보기

국문 찾아보기

ㄴ 넬슨(Nelson, Maude I.) 119
노튼(Norton, Arthur Holmes) 77

ㄷ 다니엘(Daniel, Thomas Henry) 87

ㄹ 라이스(Rice, Roberta G.) 154
러들로(Ludlow, Alfred Irving) 68
러들로(Ludlow, Theresa E. Lange) 120
로렌스(Lawrence, Edna M.) 96
로빈슨(Robinson, Courtland) 172
로크(Roque, Francisco T.) 176
롭(Robb, Ian S.) 143
리드(Reid, Wightman T.) 61
리딩엄(Leadingham, Roy Samuel) 88
리첼슨(Richelsen, Mark) 172
릭스(Riggs, Robert G.) 152

ㅁ 마틴(Martin, Stanley H.) 115
만제(Manget, Fred Prosper) 139
맥라렌(McLaren, Charles I.) 79
맥안리스(McAnlis, Florence Guthrie) 106
맥안리스(McAnlis, John Albert) 102
맨스필드(Mansfield, Thomas D.) 92
맬컴슨(Malcolmson, Oliver K.) 99
머레이(Murray, Florence Jessie) 134

모(Maw, Thelma Bridges) 137

밀즈(Mills, Ralph G.) 72

ㅂ 바우만(Bowman, N. H.) 74

반버스커크(Van Buskirk, James Dale) 75

버제스(Burgess, John) 151

버피(Burpee, Ella B.) 62

번스(Bourns, Beulah V.) 132

베이싱어(Basinger, William A.) 187

베일리스(Bayliss, Frederick M.) 177

부츠(Boots, John Leslie) 104

브러프(Bruff, W. C.) 98

빈튼(Vinton, Charles C.) 37

ㅅ 사이치(Sich, Dorothea) 183

샌들(Sandell, Ada) 141

샌팅가(Santinga, John T.) 179

샤록스(Sharrocks, Alfred M.) 57

셰플리(Scheifley, William J.) 82

쉴즈(Shields, Esther L.) 53

스캇(Scott, Anna Bicksler) 160

스캇(Scott, Kenneth Munro) 162

스크랜턴(Scranton, William Benton) 23

스타이츠(Stites, Frank M.) 90

스탠든(Standen, Emily V.) 118

스튜어트(Stewart, Ruth G.) 184

스트러더스(Struthers, Ernest. B.) 145

　　　　스티즈(Steeds, Rita B.) 181

ㅇ　　알렌(Horace N. Allen) 20
　　　　앤더슨(Anderson, Albin Garfield) 66
　　　　앤더슨(Anderson, Earl Willis) 122
　　　　어빈(Irvin, Charles H.) 44
　　　　언더우드(Underwood, Horace G.) 29
　　　　언더우드(Underwood, Lillias S. Horton) 33
　　　　에비슨(Avison, Douglas Bray) 111
　　　　에비슨(Avison, Oliver R.) 40
　　　　에스텝(Esteb, Kathlyn M.) 84
　　　　엘러스(Ellers, Annie J.) 31
　　　　영(Young, Mabel B.) 109
　　　　오웬스(Owens, Herbert T.) 91
　　　　와이스(Weiss, Ernest Walter) 147
　　　　와이스(Weiss, Hilda Seiter) 149
　　　　와이어(Weir, Hugh H.) 65

ㅈ　　제이콥슨(Jacobson, Anna P.) 46
　　　　존스턴(Johnston, Lela Mae) 175
　　　　존슨(Johnson, Kit G.) 186
　　　　존슨(Johnson, Susan Beth) 178

ㅋ　　커렌트(Current, Marion E.) 170
　　　　커렐(Currell, Hugh) 70
　　　　케이트(Cate, William Robert) 100
　　　　쿡(Cook, E. D.) 89

크라우스(Crouse, Elizabeth Shipps) 167
크리스티안슨(Christianson, Charles S.) 174
킹슬리(Kingsley, Marian Ethel) 158

ㅌ   테일러(Taylor, J. E. Rex) 110

ㅍ   파운드(Found, Norman) 113
파이팅(Whiting, Georgiana E.) 48
폴웰(Follwell, E. Douglas) 63
플레처(Fletcher, Archibald Grey) 94
피시(Fish, Mary Alice) 55
피어슨(Pierson, Eleanore J.) 169
피터스(Pieters, Alexander Albert) 123
필드(Pieters, Eva H. Field) 51

ㅎ   하디(Hardie, Robert A.) 35
하딩(Harding, D. W.) 50
한나(Hanna, Clifton A.) 188
해리스(Harris, Ruth C.) 180
허스트(Hirst, Jesse Watson) 59
헤론(Heron, John. W.) 26
헤일(Hale, Lyman L. Jr.) 165
홀드크로프트(Holdcroft, Nellie Ciwan) 121
홉커크(Hopkirk, Clarence C.) 107
휘태커(Whitaker, Faith) 142

영문 찾아보기

A	Anderson, Albin Garfield 66
	Anderson, Earl Willis 122
	Avison, Douglas Bray 111
	Avison, Oliver R. 40

B	Basinger, William A. 187
	Bayliss, Frederick M. 177
	Boots, John Leslie 104
	Bourns, Beulah V. 132
	Bowman, N. H. 74
	Bruff, W. C. 98
	Burgess, John 151
	Burpee, Ella B. 62

C	Cate, William Robert 100
	Christianson, Charles S. 174
	Cook, E. D. 89
	Crouse, Elizabeth Shipps 167
	Currell, Hugh 70
	Current, Marion E. 170

D	Daniel, Thomas Henry 87

E	Ellers, Annie J. 31
	Esteb, Kathlyn M. 84

F   Fish, Mary Alice 55
Fletcher, Archibald Grey 94
Follwell, E. Douglas 63
Found, Norman 113

H   Hale, Lyman L. Jr. 165
Hanna, Clifton A. 188
Hardie, Robert A. 35
Harding, D. W. 50
Harris, Ruth C. 180
Heron, John. W. 26
Hirst, Jesse Watson 59
Holdcroft, Nellie Ciwan 121
Hopkirk, Clarence C. 107
Horace N. Allen 20

I   Irvin, Charles H. 44

J   Jacobson, Anna P. 46
Johnson, Kit G. 186
Johnson, Susan Beth 178
Johnston, Lela Mae 175

K   Kingsley, Marian Ethel 158

L   Lawrence, Edna M. 96
Leadingham, Roy Samuel 88

Ludlow, Alfred Irving 68
Ludlow, Theresa E. Lange 120

M Malcolmson, Oliver K. 99
Manget, Fred Prosper 139
Mansfield, Thomas D. 92
Martin, Stanley H. 115
Maw, Thelma Bridges 137
McAnlis, Florence Guthrie 106
McAnlis, John Albert 102
McLaren, Charles I. 79
Mills, Ralph G. 72
Murray, Florence Jessie 134

N Nelson, Maude I. 119
Norton, Arthur Holmes 77

O Owens, Herbert T. 91

P Pierson, Eleanore J. 169
Pieters, Alexander Albert 123
Pieters, Eva H. Field 51

R Reid, Wightman T. 61
Rice, Roberta G. 154
Richelsen, Mark 172
Riggs, Robert G. 152

Robb, Ian S. 143
Robinson, Courtland 172
Roque, Francisco T. 176

S Sandell, Ada 141
Santinga, John T. 179
Scheifley, William J. 82
Scott, Anna Bicksler 160
Scott, Kenneth Munro 162
Scranton, William Benton 23
Sharrocks, Alfred M. 57
Shields, Esther L. 53
Sich, Dorothea 183
Standen, Emily V. 118
Steeds, Rita B. 181
Stewart, Ruth G. 184
Stites, Frank M. 90
Struthers, Ernest. B. 145

T Taylor, J. E. Rex 110

U Underwood, Horace G. 29
Underwood, Lillias S. Horton 33

V Van Buskirk, James Dale 75
Vinton, Charles C. 37

W   Weir, Hugh H. 65
     Weiss, Ernest Walter 147
     Weiss, Hilda Seiter 149
     Whitaker, Faith 142
     Whiting, Georgiana E. 48

Y   Young, Mabel B. 109